ハイフォレスト
民法総則

野口大作 編
NOGUCHI Daisaku

法律文化社

はしがき

　本書は，法律文化社から出版されていた髙森八四郎著『民法総則』の後継本である。前書は，法律文化社による2006年発行の初版（前身は，『民法総則講義』京都玄文社，1990年，後に絶版）から2020年発行の改題補訂版までの約14年間の長きにあたり，関西大学はじめ多くの大学で教科書として使用されて好評を得てきたが，髙森先生のご逝去に伴い，残念ながら更新が不可能となった。そこで，髙森先生にご指導いただき，前書を教科書としても使用してきた編者と法律文化社が協議した結果，同社のご厚意によって，本書を後継本として出版することになった。

　本書の編集方針としては，髙森先生の考えを受け継ぎつつも，現在の学生に読みやすい形でゼロベースからリニューアルし，初学者の理解に配慮したテキストとすることをめざした。その際，髙森先生がよく言われていた「木を見て森を見ずにならないように」という言葉を大切にし，章のはじめに「森を見る」というタイトルで章内容の体系上の位置づけを明確にした。また，民法総則は，法律学をはじめて学ぶ学生が最初に出会う法律分野であることから，初学者が見落としがちな「意義，要件，効果」の区別を明確にし，随時設例を提示しながら，わかりやすく執筆することにした。

　髙森先生は，「法律学は大人の学問である」として，法律学を学ぶには社会経験が必要であるとしながらも，他方では，学兄である学生とともに学ぶべし，教科書は学生諸君と一緒に歩んできたその結晶であると話されていた。筆者達は，社会経験の少ない学生諸君に少しでも民法を理解してもらえるよう努力してきたが，まだまだ足りない部分があると思われる。ご意見をいただき，ともに学んでより充実したものにしていきたいと考えている。

　本書の出版にあたって，法律文化社には，出版事情の大変厳しい中，後継教科書としての発刊のお許しをいただき，また，八木達也氏には，企画段階から出版に至るまで大変お世話になった。記して心より感謝申し上げる次第である。

　　2025年3月　　　　　　　　　　　　　　　　　　　　　　　野口大作

目　次

はしがき
凡　例

序　章　民法の意義と基本原則 …………………………………………… 1
　1　民法とは　1
　2　民法の立法過程と改正　4
　3　民法典の構造　5
　4　民法の法源　6
　5　私　権　8
　6　民法の基本原則　9

第1章　権利の主体1──自然人 ……………………………………… 19
　1　私権の享有（権利能力）　19
　2　意思能力　22
　3　行為能力　23
　4　住所と居所　35
　5　不在者の財産管理と失踪宣告　36

第2章　権利の主体2──法人 ………………………………………… 44
　1　法人とは　44
　2　法人の種類と設立　46
　3　法人の機関　53
　4　法人の能力　55
　5　法人の消滅　62
　6　法人格と実態の不一致　63

第3章 権利の客体 …… 66
1 権利の客体の意義　66
2 物の定義と性質　67
3 物の分類　70

第4章 法律行為1——序説 …… 76
1 法律行為とは　76
2 法律行為の分類　78
3 法律行為の成立と有効性　80

第5章 法律行為2——意思表示 …… 91
1 意思表示の意義と構造　91
2 心裡留保　95
3 虚偽表示　97
4 錯誤　105
5 詐欺による意思表示　113
6 強迫による意思表示　119
7 詐欺・強迫要件の消費者契約法による緩和　122
8 意思表示の効力　123

第6章 法律行為3——代理 …… 127
1 代理（代理総論）　128
2 無権代理　144
3 表見代理　157

第7章 無効と取消し …… 166
1 無効　166
2 取消し　172

第 8 章　条件・期限・期間 …………………………………………… 178
　　 1　条件と期限　178
　　 2　期　間　187

第 9 章　時　効 ………………………………………………………… 190
　　 1　時効制度総論　191
　　 2　取得時効　201
　　 3　消滅時効　206

　附　　録　212
　判例索引　213
　事項索引　218

凡　例

【法　令】

民法の条文については，原則として条数のみを引用した。
法令の略語は以下のとおり。

一般法人　　一般社団法人及び一般財団法人に関する法律
会社　　会社法
家事　　家事事件手続法
貸金業　　貸金業法
刑　　刑法
公益法人　　公益社団法人及び公益財団法人の認定等に関する法律
後見登記　　後見登記等に関する法律
国財　　国有財産法
戸　　戸籍法
裁　　裁判所法
借地借家　　借地借家法
消費契約　　消費者契約法
商　　商法
食品衛生　　食品衛生法
宅建業　　宅地建物取引業法
手　　手形法
道運　　道路運送法
道交　　道路交通法
憲　　日本国憲法
任意後見　　任意後見契約に関する法律
破　　破産法
不登　　不動産登記法
法適用　　法の適用に関する通則法
民執　　民事執行法
民訴　　民事訴訟法
利息　　利息制限法
労契　　労働契約法

【判　例】（略語）
大判　　大審院判決
大連判　大審院連合部判決
最判　　最高裁判所判決
高判　　高等裁判所判決
地判　　地方裁判所判決

【判例集】（主な判例集略語）
民集　　　大審院民事判例集，最高裁判所民事判例集
民録　　　大審院民事判決録
刑録　　　大審院刑事判決録
判決全集　大審院判決全集（法律新報付録）
新聞　　　法律新聞
下民集　　下級裁判所民事裁判例集
裁時　　　裁判所時報
判時　　　判例時報
判タ　　　判例タイムズ

【文　献】
教科書・基本書・注釈書
内田貴『民法Ⅰ〔第4版〕総則・物権総論』（東京大学出版会，2008年）
近江幸治『民法講義Ⅰ　民法総則〔第7版〕』（成文堂，2018年）
小野秀誠・良永和隆・山田創一・中川敏宏・中村肇『新ハイブリッド民法　民法総則〔第2版〕』（法律文化社，2023年）
川井健『民法概論Ⅰ　民法総則〔第4版〕』（有斐閣，2008年）
川島武宜・平井宜雄編『新版注釈民法(3) 総則(3)』（有斐閣，2003年）
佐久間毅『民法の基礎1　総則〔第5版〕』（有斐閣，2020年）
潮見佳男『民法（全）〔第3版〕』（有斐閣，2022年）
潮見佳男・滝沢昌彦・沖野眞已『民法1　総則』（有斐閣，2024年）
四宮和夫・能見善久『法律学講座双書　民法総則〔第9版〕』（弘文堂，2018年）
髙森八四郎『民法総則〔改題補訂版〕』（法律文化社，2020年）
中田邦博・後藤元伸・鹿野菜穂子『新プリメール民法1　民法入門・総則〔第3版〕』（法律文化社，2022年）
中舎寛樹『民法総則〔第2版〕』（日本評論社，2018年）
原田昌和・寺川永・吉永一行『日評ベーシック・シリーズ　民法総則〔第2版〕』（日本評論社，2022年）
平野裕之『民法総則』（日本評論社，2017年）

山野目章夫『民法概論1　民法総則〔第2版〕』（有斐閣，2022年）
山野目章夫編『新注釈民法⑴　総則⑴』（有斐閣，2018年）
山本敬三『民法講義Ⅰ　総則〔第3版〕』（有斐閣，2011年）
山本敬三監修，香川崇・竹中悟人・山城一真著『民法Ⅰ　総則』（有斐閣，2021年）
我妻栄『新訂　民法総則』（岩波書店，1965年）
判例解説集
河上正二・沖野眞已編『消費者法判例百選〔第2版〕』（有斐閣，2020年）
潮見佳男・道垣内弘人編『民法判例百選Ⅰ〔第9版〕』（有斐閣，2023年）

＊本文中では，著者・頁数，または著者・書名・頁数という形で，以下のように引用する。
　例：内田・90，潮見・民法〔全〕・10，潮見・民法Ⅰ・10

民法典の体系（パンデクテン体系）

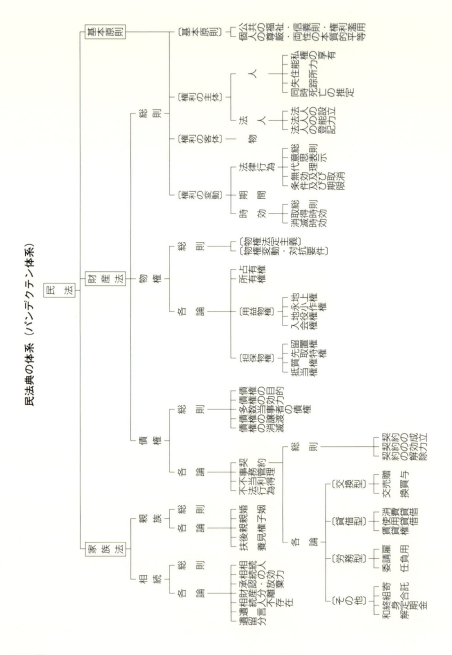

序　章　民法の意義と基本原則

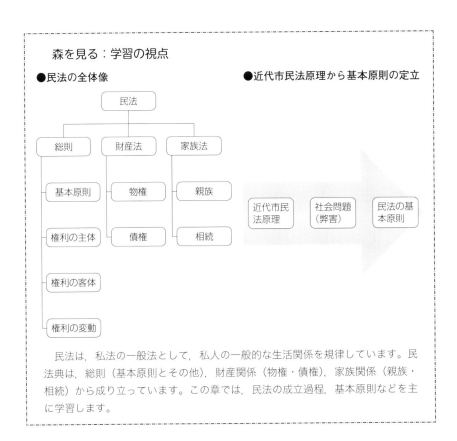

民法は，私法の一般法として，私人の一般的な生活関係を規律しています。民法典は，総則（基本原則とその他），財産関係（物権・債権），家族関係（親族・相続）から成り立っています。この章では，民法の成立過程，基本原則などを主に学習します。

1　民法とは

　私たちは，日々家族等と寝食をともにし，学校や会社に通学・通勤して暮らしているが，その際意識はしていないものの，ある法律関係に基づき一定の規律（ルール）に従って生活している。すなわち，私たちは，私的な生活の中で，私人として，夫婦や親子という身分関係を築いて家族と一緒に暮らし，学校・

会社と在学・労働契約を結んで，自家用車の運転や電車・バスによって通学・通勤して学び働いている。他方，私たちは，国民・市民として，住所地の役所で住民登録や税金の支払いなどを行い，国会議員や知事の選挙で投票しているほか，子育て支援などの公的サービスを受けている。このほか，不幸にも事件や事故にあうこともあり，事故や事件を処理する規律（加害者である犯人の逮捕と刑罰，被害者の救済などのルール）も存在している。これら社会を規律している法は，以下のとおり私法と公法に分かれている。

1 私法と公法

　私法（private law）とは，私人や私人間の一般的な生活関係を規律する法であり，プライベートな家族・財産の関係，個人相互の関係，個人と法人との関係，会社の組織などを規律している。例えば，民法は，婚姻・親子関係，不動産の所有関係や売買による移転に関するルールを定めている。また，労働関係法は，労働者と会社とのルールを定めたものである。

　これに対して，公法（public law）とは，国及び自治体と国民との関係（国籍，住民登録など）や国及び自治体の組織・運営などについて規律する法である。例えば，憲法は，国民は，すべての基本的人権の享有を妨げられない（11条）と規定し，国家によって国民の基本的人権を侵害することは許されないと宣言している。また，刑法は，人を殺した者は，死刑または無期懲役もしくは5年以上の拘禁刑に処する（199条）と規定し，道路交通法は，免許を受けた者が精神病者や麻薬の中毒者などになって運転能力を喪失したときは，公安委員会はその者の免許を取り消さなければならない（103条7項）と規定している。

　なお，ニュースにおける事故や事件などについて考えるときには，公法的な観点と私法的な観点を区別して考える必要がある。すなわち，警察や検察に逮捕・勾留・起訴され，刑事裁判によって刑罰が与えられる刑事処分の視点（懲役刑や死刑など）及び行政の許認可などに関する行政処分の視点（事業者に対する業務停止命令や免許取り消し処分など）と，契約の有効・無効，行為の差止めや損害賠償が認められるかなどの民事的な視点（契約の取消しや解除，妨害の排除，金銭賠償など）からそれぞれ考える必要があることに留意して欲しい。

2　民法と特別法

　民法とは，形式的には，「民法」という名前の**法典**のことをいう。民法は，私的な財産の取引関係や夫婦・親子・相続などの家族関係という民事的な生活関係を規律し，日常生活の私的な紛争を解決するために存在している。民法は，私人にすべて適用され，私人相互の一般的な生活関係を基本的に規律していることから，私法の一般法であるといわれている。

　これに対して，特別な領域に関しては，民法を補充し修正するような**民事特別法**がある。例えば，企業の組織や運営，商品等が大量反復的に取引される商取引や会社取引を特に扱う商法や会社法，情報の質や量及び交渉力の格差がある事業者と消費者間の契約を特に規律する消費者契約法，土地や家の貸借関係を特に規律する借地借家法，借金契約の利息の金利を特に制限する利息制限法などがある。民事特別法は，特定の対象（人，地域，項目など）を絞って規律することが多く，一般的に規律している民法と民事特別法との間で適用が重複する場合には，具体的な限定をしている民事特別法が優先的に適用される（**特別法は一般法に優先する**）。

3　実体法としての民法と権利を実現するための手続法

　民法は，実体法として，私法上の権利義務が存在するかしないかなどの根拠規定を定めている。例えば，民法は，故意または過失によって他人の権利または法律上保護される利益を侵害した者は，これによって生じた損害を賠償する責任を負うと規定している（709条）。これは，交通事故による被害者は，加害者に対して被害の損害の賠償を請求できる権利を有する根拠になっている。しかし，加害者が被害者に対する損害賠償の義務を果たさない場合でも，被害者は強制的に自分でその権利を実現することはできない（**自力救済の禁止**）。やはり，裁判所に訴えてその権利を実現するための手続ルールが必要である。

　民事手続法は，実体法である民法を根拠にして，民事裁判において，権利義務の存在を確認し，その内容を現実に実現する方法を定めている。例えば，被害者による損害賠償請求などの訴えの提起は，裁判所に対して訴状によって行わなければならない（民事訴訟法3条の3の8号，134条1項）。そして，裁判所においては，口頭弁論（原告の主張や被告の答弁）が行われ（同法87条1項，148条以

下），争点や証拠が調査・整理された後，裁判所から判決が言い渡される（同法243条以下）。これら一連の手続を定めたのが，民事訴訟法であり，さらに，裁判所や執行官が被告の財産を差し押さえたりする強制執行などの手続を定めているのが，民事執行法などである。

2 民法の立法過程と改正

　明治維新以降，政府は，封建体制を打破して中央集権的な立憲国家体制を確立し，諸外国と対等な地位を築くために，近代的な法典を編纂して，対外的に「文明国たる実を示すこと」が必要であった。司法卿の江藤新平は，元パリ大学教授ボアソナードを1873（明治6）年に招聘して，司法学校で法学教育を行わせながら，1879（明治12）年に民法典の起草を委嘱した。1890（明治23）年にボアソナードの起草部分は完成し（財産編，相続部分を除く財産取得編，債権担保編，証拠編），日本人委員が起草した部分（家族関係の人事編，財産取得編中の相続部分）と合わせて，いわゆる**ボアソナード民法（旧民法）**が公布され，1893（明治26）年に施行される予定となった。しかしながら，穂積八束による「民法出デテ，忠孝亡ブ」という論文が世に出て，世間から新法典は日本古来の習慣を無視していると非難され，いわゆる民法典論争に発展し，結局，1892（明治25）年，帝国議会において法典実施延期法案が通過し，旧民法は実施されないままに終わった。

　後に政府は，1893（明治26）年，法典調査会を設置し，改めて日本人の梅謙次郎・富井政章・穂積陳重の三博士に民法典の起草を命じ，新たな民法典の編纂が進められた。今度は，当時のドイツ民法典第1草案の翻訳を参照して，ドイツ法にならって**パンデクテン体系**を採用し，総則・物権・債権・親族・相続の5編で構成した。しかし，内容としては，ボアソナード民法（旧民法）を底本として，これを修正していく形で進められ，特に，時効では取得時効と消滅時効を総括し，不動産物権変動では対抗要件主義を取り入れたものであり，フランス法の影響を受けている。また，法人や損害賠償の範囲などに関しては，イギリス法の影響も見られる。新民法は，第1～3編に関しては，1896（明治29）年，第4・5編は，1898（明治31）年に公布・施行された（現行民法）。

その後，太平洋戦争の戦後に施行された日本国憲法の個人の尊厳と両性の平等に従って，婚姻家族を基盤とする近代的で民主的な家族制度を創設するべく，第4編親族・第5編相続部分は，1947（昭和22）年に大幅に改正された。中でも，家族の婚姻に対する戸主の同意権を認めていた旧750条や家父長の財産を家督相続として長男に単独相続させる旧964～991条などが削除され，いわゆる家父長制度が廃止された。

　戦後の改正以降，1999（平成11）年の成年後見に関する改正，2008（平成20）年の法人に関する改正などの小規模な改正は行われたが，大規模な改正は，約120年間の長い間行われなかった。しかし，2017（平成29）年に，民法典の現代化という名のもとに，債権法を中心とする大幅な改正が実施され，それに伴って，民法総則においても，意思能力，錯誤，代理，時効に関して改正が行われ，2020（令和2）年に改正民法は施行された。

3　民法典の構造

　民法典は，私人の一般生活関係の問題に関してルールを定め，その規律する生活関係を財産関係と家族関係とに分けて規定している。前者を**財産法**，後者を**家族法**と呼んでいる。具体的には，第1編総則，第2編物権，第3編債権，第4編親族，第5編相続の5つの編から成り立っている。財産法を物権法と債権法，家族法を親族法と相続法とに峻別し，その上に，通則（共通のルール）である「総則」を配置するという体系である（viii頁参照）。わが国の民法のほか，ドイツ，スイス，オランダ，オーストリアの民法もこの体系である。総則編は，私法関係一般に共通する通則を規定し，例えば，私法の基本原理である1条，2条，3条のほか，法律行為，期間，時効などは，民法（特に財産法）における通則的規定である。また，物権編，債権編，親族編，相続編の各編の最初の部分には，各々の分野における共通ルールが総則として置かれている（共通ルールは前に出すという仕組み＝**パンデクテン体系**）。

4　民法の法源

　法源とは，法の存在形式のことであるが，特に，裁判官が紛争を解決するためのよりどころとすべき基準（裁判規範）として強調される。憲法は，裁判官が憲法及び法律にのみ拘束される旨を規定し（76条3項），憲法に根拠づけられた規範だけが裁判官を拘束する法である。したがって，民法の法源は，まず，民法典はじめその他の制定法（特別法）であり，次いで，制定法である法令2条によって，慣習も一定の要件のもと法源とされている。これを**慣習法**という。これらの制定法と慣習法のほか，判例，条理，学説，契約規範なども法源として認めるべきかが問題となる。

1　制定法
　国会は唯一の立法機関であり（憲法41条），国会で議決して承認された制定法は法源であることに疑いはない。制定法の相互関係については，第1に，上位の法は下位の法に優先する，第2に，特別法は一般法に優先する，第3に，後法は前法に優先するである。

2　慣習法
　慣習法とは，ある社会で一定の慣習として認められているものであって，特定の社会の構成員がその地域の慣習に拘束されることを法的に認められているものをいう。法の適用に関する通則法3条は，公の秩序又は善良の風俗に反しない慣習は，①法令の規定により認められたもの，または，②法令に規定されていない事項に関するものに限り，法律と同一の効力を有すると規定している。①の例としては，民法上，水流に関する慣習（217条・219条3項），相隣関係に関する慣習（228条・236条），入会権に関する慣習（263条・294条），地上権に関する慣習（268条1項・269条2項），永小作権に関する慣習（278条3項・279条）などがある。②の例としては，流水利用権（流木権）や温泉権に関する慣習，立木の所有権を明認方法によって第三者に対抗できることを認める慣習などがあげられる。

3 判　例

判例には，2つの意味がある。第1は，重要な判決であろうとなかろうと区別なく，裁判所の行った決定を収集した単なる判決の集積である。これに対して，第2は，後の裁判を拘束する先例として認められる判決を集積したものである。法源としての判例は，裁判官の一般的基準になるべきものであり，後者の意味として捉えるべきである。我が国は，大陸法系の成文法主義を採り，第一次的法源を制定法（法典）に求めているものの，裁判官は，一般的事案を想定している制定法に鑑みて法解釈を試み，個別具体的事件に対する解決を考えることによって法を創造しているといってよい。したがって，法令の解釈・適用の統一性を図る観点からも，先例拘束性の原則を認めてもよい（裁判所法4条，10条3号参照）。ただし，先例拘束性を認めるべきは，判決文の全てではなく，具体的事案の解決に必要不可欠な裁判官の判断理由（**真の判決理由** ratio decidendi）である。当該事案の解決に不必要な単なる裁判官の意見表明（傍論 obiter dictum）は，法源としての判例と解するべきではない。

なお，判例の研究においては，真の判決理由を発見・探求することが極めて重要であり，判例を知らずして法の具体的内容を知ることは不可能に近い。例えば，慣習法上の入会権や温泉権の法的性質・内容，内縁・婚約や譲渡担保の問題など，判例の蓄積によって法の欠缺が補充されて，具体的事件が解決されており，判例を学ばない限り，法を学んだとはいえない。

4 条　理

条理とは，社会生活における物の道理，物事の筋道であるが，法学的には，実定法体系の基礎となっている基本的な価値体系である。明治8年太政官布告第103条裁判事務心得第3条は，「民事裁判ニ於テハ成文アルモノハ成文ニ依リ成文ナキトキハ慣習ニ依リ成文慣習共ニ存セザルトキハ条理ヲ推考シテ裁判スベシ」と規定していた。制定法規も慣習法も存在しない場合であっても，裁判官は，紛争の終局的解決のためには裁判を拒むことができない建前になっている。したがって，裁判官の裁判基準として「条理」が最後のよりどころとなっていることは否定できない。しかし，法源として正面から認めるべきかについては，学説上争いがある。

5 学説

学説は，裁判官が法解釈をするにあたって参考にされることはあるが，裁判官によって直接に裁判基準とされることはなく，法源ではないと考えるべきである。ただし，学者が，論文でその見識を表明し，裁判批判等を行うことにより，後の裁判に影響を与え，判例の変更がもたらされる可能性があることは否定できない。また，立法の前段階において，法務省の法制審議会で学者が委員として参加し，その意見が立法に取り入れられることもあり，制定法への影響も必ずしも否定できない。

6 契約規範

契約規範は，強行規定や公序良俗などに反しない限り有効であり（90条，91条，521条2項），当事者が正常な判断能力でその規範を納得し受け入れて合意したのであれば，裁判官は，裁判をする際に当事者の契約規範を基準として判断することになる。しかし，契約規範は，一般的基準ではなく，あくまで当事者を拘束するにすぎない規範であり，また，企業等が消費者に対して自己に有利な内容の約款を一方的に押し付けて契約を締結させることも多く，必ずしも真の合意に基礎づけられたものとは言い難い場合もあることから，法源とはいえないと考えるべきである。

5 私 権

1 意 義

私権とは，私法によって認められた権利（私法上の権利）であり，個人的生活関係において一定の利益を享受することを主張できる地位のことである。他方，公権とは，公法によって認められた権利（公法上の権利）であり，公的な関係における国民・市民として国家や自治体に対して一定の利益の享受を主張できる地位のことである（参政権，自由権，生存権など）。なお，私権と公権との中間に社会権ともいうべき権利がある（労働者の団結権，団体交渉権，ストライキ権など）。

2　私権の分類
(1)　利益による分類（財産権・人格権・身分権・社員権）

　①**財産権**とは，財産上の利益・価値に関して有する権利であり，譲渡・相続の対象となる。例えば，物の直接的排他的支配権としての**物権**（土地の所有権や地上権など），特定の者に特定の行為を請求できる**債権**（代金請求権や出演請求権など），無体財産権（著作権など）などである。②**人格権**とは，人の人格的利益（生命，身体，自由，名誉，貞操，氏名，肖像，プライバシーなど）に関して有する権利である。③**身分権**とは，身分上の地位（親，子，夫，妻など）に基づいて認められる権利である。例えば，親権（818条），相続権（887条，889条，890条），扶養請求権（877条）などである。④**社員権**とは，社団法人の構成員が法人に対して有する利益を包括的に保持できる権利である。例えば，株式会社の株主権，一般社団法人の社員権などである。

(2)　作用による分類（支配権・請求権・形成権・抗弁権）

　①**支配権**とは，権利者が他人の行為によることなく自己の意思のみによって権利内容を実現できる権利である。例えば，物権，無体財産権，人格権などである。②**請求権**とは，他人に対して一定の行為を請求できる権利であり，他人の行為によってはじめて権利を実現できる。例えば，債権のほか，物権に基づく妨害排除請求権などの物権的請求権，身分権に基づく扶養請求権などである。③**形成権**とは，権利者の一方的な意思によって法律関係の変動（発生・変更・消滅）をもたらす権利である。例えば，取消権（120条），解除権（540条），売買の予約完結権（556条）などである。④**抗弁権**とは，他人の権利（特に請求権）を阻止できる権利である。例えば，双務契約における同時履行の抗弁権（533条），保証人の催告・検索の抗弁権（452条・453条）などである。

6　民法の基本原則

1　近代市民法の基本原則

　民法は，市民社会の法であり，資本主義社会（商品交換関係が社会関係の基礎となる）を根底から支えている。市民社会は，18世紀のフランス市民革命（1789年）によって，身分的な階層秩序（領主と家臣，地主と小作，士農工商）と封

建的土地所有（上級所有権・下級所有権，永代小作権・小作権）とを廃止し，すべての人間が自由で平等であるとの理念を宣言し，いかなる拘束を受けない自由な所有権を確立しようとした。そして，国家権力は，できるだけ個人の生活関係に干渉することなく，市民社会の健全な活動を保護するためにのみ行使されるべきであるとし，個人の生活関係の成立や内容の変更は，原則として，自由にして平等な個人の自発的意思にゆだねることが望ましいとされた（個人の自由と平等および夜警国家の考え方）。そこで，近代市民社会を支えるための法として，民法は，**法の下の平等，私有財産尊重の原則（所有権絶対の原則），私的自治の原則，過失責任の原則**を基本原則としている。それまでの封建的な身分社会や土地所有関係を廃棄して，各個人が，その身分や階級に関係なく，生まれながらにして平等な法的人格（権利能力）を有するものとし，個人の自由な活動を保障して，資本主義社会の発展の原動力としたのである。

(1) **法の下の平等の原則（権利能力平等の原則）**

すべて人（自然人）は，法の下に平等に扱われなければならないとの原則は，国籍，階級，職業，年齢，性別，財産所有等によって差別されることなく，等しく権利義務の主体（主人公）として，財産権を受け継いで取得できる，契約を結んで自由に活動できるなどの資格を有する者として認められることである。権利義務の主体となりうる資格を「権利能力」というので，法の下の平等は，**権利能力平等の原則**であるともいわれている。憲法が，すべて国民は，個人として尊重され（13条），法の下に平等であることを宣言し（14条1項），これを受けて，私法関係においても，民法が，私権の享有は，出生に始まると規定し（3条1項），すべての人は，出生してから死亡するまで，身分や出身地などに関係なく，例えば，財産権などを相続し，契約によって権利を取得し義務を負うことができることを宣言しているのである。

(2) **私有財産尊重の原則（所有権絶対の原則）**

封建社会においては，財産権は国王や領主などの権力者によって往々にして没収されてきた。市民革命によって，封建社会が崩壊し，身分制度がなくなったとしても，強い権力を有する者が，弱い者の財産を奪うことを許せば，法の下の平等の原則は絵に描いた餅にすぎない。近代社会は，階級・身分などによる支配を否定したのであり，法の下の平等を保障するためにも，財産権は勝手

に奪われてはならない。憲法は，財産権は，これを侵してはならない（29条１項）と規定し，財産権を神聖不可侵のものと位置づけている。各自が自由に商品を交換して発展する資本主義社会においては，人が身分や出身などに縛られることなく物に対して自由な支配権を有することが大前提であり，その絶対性が保障されなければ，資本主義社会は成り立ちえない。したがって，近代市民社会においては，**私有財産の尊重**が不可欠であり，民法は，特に，所有者は，法令の制限内において，自由にその所有物の使用，収益及び処分をする権利を有する（206条）と規定し，所有権を所有者の自由なる絶対的権利として定義づけており，**所有権絶対の原則**ともいわれている。

(3) **私的自治の原則**

私的自治の原則とは，私人が自己の意思に従って自由に自らの法律関係を形成することができることである。私的な法律関係の形成については，国家やその他から干渉されず，その自由な活動を保障する方が経済も国家も発展するという考え方である。その反面，私的自治の原則は，私的なことはそれぞれの自治（自己規律）に任せるが，自由な意思で自らの行動を判断・決定した以上（自己決定），その決定した自己の行為には責任を負わなければならない（自己責任）という，**自己決定・自己責任の原則**の私法上の発現である。これは，商品交換社会における自由な主体（人格）の承認であり，自由な主体同士の自由な法律関係の形成（取引など）を円滑に推進することとなり，この理念は，「**法律行為自由の原則**」といわれ，特に法律関係の形成が契約である場合には，「**契約自由の原則**」といわれている。すべての私人は，国家に干渉されることなく，また，誰からも強制されることなく，自由に相手方を選んで契約を締結するか否かを決定し（相手方選択の自由・締結の自由），自らの意思でその内容や方式を当事者間で決定し（内容の自由・方式の自由），自由に経済活動ができるのである。

(4) **過失責任の原則**

過失責任の原則とは，自己の行為が故意または過失（不注意）によって行われて他人に損害が生じた場合には，その責任を負わなければならないという原則である。これは，反対解釈すれば，不意の自己の行為によって他人に損害が発生しても過失がなければ責任を負わなくてよいのであり，人々の自由な活動

を保障し、企業の自由な活動の拡大を促進して資本主義社会の発展に寄与していった。

2 近代市民法の基本原則の弊害と社会問題

　近代市民法の基本原則は、近代国家において、封建制度への逆戻りを止める法的保障制度として機能するとともに、私人の自由な経済活動を促したため、わが国が欧米列強に肩を並べるための殖産興業に貢献した。ところが、この考え方を貫いた結果、多くの弊害が生じ、大きな社会問題が発生することとなった。

　第1に、法の下の平等と契約自由の原則に関しては、労働者と資本家との労働問題や地主と小作人の借地問題などである。両者の間では、実質的には、強者（資本家や地主）によって弱者（労働者や小作人）に一方的に不利で不平等な内容が強制され、過労死を含む**労働災害**や富の偏在による階層化（**実質的な身分格差**）などが社会問題化した。そのため、実質的平等の確保や弱者保護のために、民法においては、信義誠実の原則の規定（1条2項）の創設のほか、多くの特別法（社会立法）が制定された。

　第2に、過失責任の原則に関しては、**公害、食品・薬害、廃棄物などの問題**が発生した。企業は、その利潤追求の過程で莫大な利益を得る一方、大量の危険な産業廃棄物（排煙、排水、腐食物、有毒食品・薬品など）を排出・拡散し、住民などの健康被害を引き起こした。過失責任の原則のもとでは、被害者側が加害企業や国の過失を立証しなければならず、その立証困難のゆえに、結果として、被害者側が敗訴し、企業や国側は、その責任を免れていた。すなわち、加害企業や行政は、過失責任の原則を盾に被害者への救済を拒否したため、被害は拡大の一途をたどり、公害問題をはじめとする大きな社会問題となった。企業が一方的に危険を引き起こし多大な利益を得ているのに対し、何ら責めるべき理由がない一般市民が一方的に悲惨な犠牲を強いられ、また、被害が放置され拡大することによって、社会全体としての損失も莫大なものとなったのである。そこで、利益の帰するところ損失もまた帰する（**報償責任**）、危険物を支配する者はそこから生じた危険についても責任を負うべし（**危険責任**）という考え方から、企業ないし危険の支配者には無過失でも責任を負わせるべきである

(**無過失責任**) との見解が有力化し，企業等の無過失責任を規定した特別法（公害関係立法等）が整備されていった。

　第3に，所有権絶対の原則に関しては，専ら他人を害することのみを目的として所有権を行使する者（**権利の害意的行使**），自己の所有権に対する軽微な侵害を盾に取って法外な利益を追求する者などが現れ，必ずしも正当な権利の行使とはいえない事件が次々と発生した。これに対しては，公共の福祉遵守の原則（1条1項）や権利濫用禁止の法理（1条3項）の規定などが整備された。

3　現代民法の基本原則（近代市民法原理の修正）

(1)　公共の福祉遵守の原則（1条1項）

　民法は，私権は，公共の福祉に適合しなければならないと規定している（1条1項）。この規定は，憲法29条（財産権の不可侵・保障）の趣旨をふまえて民法上規定したものといわれており，私人の権利は，絶対ではなく，その存在・内容・行使は，社会共同体全体の利益に反してはならないこと（権利の社会性または公共性）を一般的に表明している。

　私権というのは，社会が認めてはじめて権利として存在し保護されるものであるから，私権の内容とその行使は，社会全体の利益と調和するものでなければならない。すなわち，私権の内在的制約原理として，社会の公共の利益に反する私権の内容や行使は，そもそも権利の内実として認められないのである。権利の行使について，権利を有しているからといっても，自由に勝手気ままに何でもやってよいというわけではなく，他人の利益を無視した社会性に反するような権利行使はそもそも許されず，社会のルールを守ってこそ，正当な権利の行使として認められるというわけである。

　ただし，この規定は，あまりに抽象的であるため，具体的法規範としては，ほとんど適用されていない。この原則の適用は，次の具体的基本原理にゆだねられている（民法1条1項違反という裁判例はほとんどなく，本条の2項，3項が適用されている）。

(2)　信義誠実の原則（1条2項）

　民法は，権利の行使及び義務の履行は，信義に従い誠実に行わなければならないと規定している（1条2項）。信義誠実の原則（**信義則**）とは，私人は，社

会における共同体の一員として，自己の権利を行使する場合や義務を果たす場合には，社会の一般常識に従って，互いに相手の信頼（合理的な期待）を裏切らないように，誠意をもって行動しなければならないということである。信義則違反と判断されれば，権利行使は無効となり，不履行責任の追求や履行義務を免れることになる。

　①規定や解釈の具体化・補充・修正　　判例は，信義則を用いて，抽象的な規定を具体化し，社会的必要性や弱者保護の観点から欠缺規定を補充，または，規定を修正することがある。例えば，民法上に規定はないが，ある法律関係に基づいて特別な社会的接触の関係に入った当事者間には，信義則上の付随義務として，**安全配慮義務**が認められている（最判昭50・2・25民集29・2・143自衛隊八戸駐屯地事件。なお，労働関係には現在労働契約法5条がある）。また，賃貸借契約において賃借人が賃借権を賃貸人に無断で他の者に譲渡・転貸借した場合には，賃貸人は契約を解除できる（612条2項）が，賃借人を保護するために，無断譲渡・転貸がなされても，当事者間の信頼関係を破壊するに至らない場合ないし背信行為と認めるに足りない特段の事情がある場合には，賃貸人は契約を解除できないとされており（最判昭28・9・25民集7・9・979，最判昭39・6・30民集18・5・991），判例は，信義則を根拠にして条文の適用を制限し規定を事実上修正している（**信頼関係破壊の法理**）。なお，信義則は，社会状況の急激な変化があった場合にも，当事者の状況に照らして，契約などを修正する機能も果たすことがある（**事情変更の原則**，最判昭30・12・20民集9・14・2027，最判平9・7・1民集51・6・2452。ただし，この原則の実際の適用は厳格である）。

　②契約当事者の規範的行動原理（軽微な瑕疵の救済など）　　契約当事者の行動原理として，相手方の信頼を裏切らないように誠実に行動しなければ不利に扱われるとともに，たとえ，権利者や義務者がミスを犯した場合でも，その程度が軽微でかつ誠実に行動していれば，**公平の観点**から救済されることがある。例えば，大豆粕の売買において，引渡し場所を「深川渡し」として契約し，売主が深川にある倉庫（丸三倉庫）に準備して通知したところ，転売目的の買主が，大豆粕相場の下落のゆえに，売主に倉庫の場所を問うことなく引き取らなかったため，売主が契約を解除して買主に損害賠償を請求した深川渡事件（大判大14・12・3民集4・685）がある。買主は，売主が引渡し場所を明示し

なかったことを理由に遅滞の責めを負わないと抗弁したが，大審院は，買主は，引渡し場所が丸三倉庫であることを知らなかったとしても，買主に誠実に取引する意思があれば，売主に対する容易な問合せによって直ちに知り得たのであるから，信義則上，買主は，問合せを怠ったことによる責任を免れないとした。また，債務の弁済（借金の返済など）額にほんのわずかの不足があっても，債務者の誠実な行動などからその弁済や供託を有効として救済したものがある（大判昭13・6・11民集17・1249，最判昭35・12・15民集14・14・3060）。

③先行行為と矛盾する行為の禁止（**禁反言**＝英米法のエストッペル）

> 【設問1】　Aは，Bから頼まれて5万円を貸したが，Bが借金を返さないでいるうちに5年の消滅時効期間が経過した。Aは，その直後にBと偶然再会したところ，Bが必ず返しますと言ったので，返済をあてにしていたが，1か月後，AがBに連絡してみると，Bは，消滅時効を援用すると回答した。Bの行為は許されるか。

【設問1】の後に消滅時効を援用する行為は，自分が先に行った債務を承認する行為と矛盾するような態度である。すなわち，自己の先行行為を信じた相手方に対して突然手のひらをかえすように裏切る行為といえる。このような相手方の信頼を裏切るような先行行為に矛盾する不誠実な行為は，信義則上許されないとされており，このような行為は無効とされる（先の発言に反する行為を禁じる＝**禁反言**）。判例は，時効の完成後，債務者が債務の承認をすることは，時効による債務消滅の主張と相容れない行為であり，相手方も債務者はもはや時効の援用をしない趣旨と考えることから，信義則に照らし，債務者による消滅時効の援用を認めることはできないと判示している（最判昭41・4・20民集20・4・702）。このほか，組合を設立したと偽り自己の不動産を担保にして労働金庫から資金を借り入れた者が，貸主から担保権を実行され不動産の明渡しを要求されたとたんに，組合は架空の団体として貸付及び担保権の設定を無効と主張することは信義則上許されないとして貸付及び担保権の設定を有効としている（最判昭44・7・4民集23・8・1347）。

(3) 権利濫用の禁止（1条3項）

民法は，権利の濫用は，これを許さないと規定している（1条3項）。権利の濫用とは，権利行使の外形を備えていても，実質に即してみるときは権利の社会性に反し，正義衡平の理念からこれを許容できない権利者の行為である。権

利の行使とは名ばかりで，権利を道具に使って他人を害するような行為であるといってよい。権利者は，本来自分の権利を自由に行使できるはずであるが，その行使の結果が著しく公共の利益に反するようなときは権利の行使として認めないという趣旨である。すなわち，これは，所有権絶対の原則のうち権利行使自由の原則の例外的規定である。権利の濫用は，権利行使自体が禁止され，権利が行使されても私法上無効として扱われる。また，権利の濫用によって損害が生じた場合には，不法行為として損害賠償責任を負わなければならないとされている（大判大8・3・3民録25・356信玄公旗掛松事件）。

①権利の害意的行使（権利者の主観的態様）

> 【設問2】 隣のX結核病院に自己の土地を売ろうとしていたYが，売買の交渉が不調に終わったため，自己の土地に，病院敷地境界線に近接して病舎と平行に物置を建築し，騒音や悪臭を発生させるとともに，病舎の通風・採光を妨げたため入院患者が減少した場合，病院Xは隣人Yに対して物置小屋の撤去と損害賠償を請求できるか。

権利の害意的行使とは，権利者側の主観的態様（権利行使の目的など）に害意がある場合であり，権利の濫用の中でも，特に，専ら他人を害する目的で権利行使を行うことは，古くから禁止されていた（ローマ法における「シカーネ禁止の法理」）。【設問2】は，富田浜病院事件（安濃津地判大15・8・10新聞2648・11）であり，典型的な権利の害意的行使の事例とされている。裁判所は，隣人の行為は専ら病院を害する目的としての権利の行使であるとして権利の濫用を認め，Yに対して物置小屋の撤去と損害の賠償を命じている。

②主観的態様と客観的比較衡量

> 【設問3】 Y鉄道会社は，温泉経営のため，温泉湧出口から温泉場まで約全長7kmの木管によって温泉を引いていたが，この木管は，A所有の土地の一部を無権限で利用して敷設された。A所有の土地は急斜面の荒廃した崖地であり，何ら利用価値がなく，Aの所有地を迂回して温泉街に引き湯するには，高額な工事費用と時間（温泉街は270日の休業）を要するという事情があった。A所有の土地と周辺の土地を買いあさったXが，Yに対して所有地（約2坪）を高額な値段で買い取るよう要求したが断られたので，木管の撤去と土地への立入禁止を裁判所に訴えた。Xの主張は認められるか。

不当な目的やある事情を知っていたなどの弱い主観的態様が存在しているものの，極めて強い害意と評価できるほどの有害性はなく，それだけでは権利の濫用とは断定できないような場合である。その場合には，主観的な態様と合わせて，当事者の客観的事情（利害・社会的影響等）を比較考量し，権利の濫用に該当するかを判断している。大審院は，所有者の撤去請求は，所有権行使の外形を構えているにとどまり，真に権利の救済を求めているのではなく，専ら不当な利益の獲得を目的として所有権をその道具として用いているにすぎないとして，社会観念上所有権の目的に違背し，その範囲を超脱して権利の濫用にほかならないとしている。裁判所は，所有者の土地買収の意図や撤去及び買取請求の目的に着目しながらも，鉄道会社の撤去費用及び困難性，温泉街の休業による影響など，所有者の損害の程度と鉄道会社や住民の不利益とを比較衡量したうえで結論を導いている（大判昭10・10・5民集14・1965宇奈月温泉事件）。

③客観的比較衡量　権利者側に非難すべき主観的態様（害意）はないが，客観的事情を比較衡量して権利濫用にあたると判断している場合がある（**シカーネ禁止から客観的利益衡量へ**）。例えば，鉄道会社Ｙが，Ｘの土地をＡの土地だと思い込んでＡから土地を取得し，線路を敷設したのに対して，Ｘが自己の所有権の確認と線路の土台となる土砂等の撤去を求めた事案がある。裁判所は，Ｘの経済的利益とＹの経済的不利益とを客観的に比較衡量し，Ｘの土地が特段の利用方法もないのに対して，Ｙのすでに敷設された土砂等を撤去するには莫大な費用がかかること，それによって地域交通に支障と危険が生じることから，Ｘの所有権確認の訴えは認めたものの，ＸのＹに対する妨害排除の請求は，権利濫用として許されないとした（大判昭13・10・26民集17・2057高知鉄道敷設事件）。また，安保条約に基づく米軍の日本駐留に際して，国から頼まれて土地を賃貸した農民たちが，賃借期間の満了により，国に土地の明け渡し及び施設撤去を求めた事案に対して，最高裁は，国の利益と農民の利益を比較考量し，基地を農地に戻し返還するには莫大な費用がかかるとし，農民の請求は，私権の本質である社会性，公共性を無視し，過当な請求をなすものとして，農民の請求を棄却した（最判昭40・3・9民集19・2・233板付基地事件）。以上の２つの事件の所有権者には，権利行使の目的に害意は全くなく，判決のように客観的比較衡量のみで判断してしまうと，原状回復には莫大な費用と労

力がかかるとか，事業は公共性・公益性を有するなどの理由によって，所有権者の権利行使としての妨害排除請求は，権利濫用として封じられてしまうおそれがあり，これは，権利濫用論の濫用ではないかと批判されている。したがって，主観的態様を考慮し，合わせて客観的比較衡量も考慮要素に入れた宇奈月温泉事件判決に戻るべきであるとの主張が有力である。

(4) 特別法の制定

法の下の平等及び契約自由の原則に関しては，実質的平等の確保や弱者保護のために，多くの特別法が制定されている。例えば，労働関係法，借地借家法，消費者契約法などである。過失責任の原則に関しては，大気汚染防止法，水質汚濁防止法のほか，原子力損害賠償法などにより，企業に無過失責任が認められている。

> 木を見る：復習問題

1. 民法典の構造を説明しなさい。
2. 民法の法源を説明しなさい。
3. 近代市民法の基本原則及び現代民法の基本原則を説明しなさい。

📖 おすすめ文献

①河上正二・中舎寛樹編『新・判例ハンドブック　民法総則』（日本評論社，2015年）。
　　各判例を1頁でその要点をコンパクトにわかりやすく解説している。初心者がまず判例の概要を理解したいときにおすすめである。

②近江幸治『民法講義1　民法総則〔第7版〕』（成文堂，2020年）。
　　民法分野全般にわたるシリーズ本である。条文の趣旨，判例・学説の状況など2色刷りで整理してあり，詳しい参考書として活用できる。

③能見善久・加藤新太郎編『論点体系　判例民法1』（第1法規，2018年）。
　　条文ごとにその具体的意味の解説や条文に関する判例が紹介されており，民法の逐条解説書（コンメンタール）として，辞書のように条文の内容や関連情報を調べる場合に便利である。

第1章 権利の主体1——自然人

　市民社会では、「人」のみが権利を有し義務を負うことができるとされており、民法は、2種類の「人」を定めています。それが、自然人（人）と法人です。前者は、我々のように生まれながらの人間を指すのに対し、後者は、自然人以外で権利と義務を有することが認められた団体を指します。
　第1章では、このような権利と義務をもつことのできる【権利の主体】のうち、「自然人（人）」について学びます。民法では個人の自由な意思決定を尊重することから、判断力の有無やその程度によって、上の図のように自然人を分類しています。それぞれの違いを確認しながら学んでいきましょう。

1　私権の享有（権利能力）

1　権利能力の始期・終期

　権利能力とは、権利の主体となることのできる地位または資格をいう。また、権利の主体とは、権利関係の中心として権利を有し義務を負うものを指す。すなわち、人が権利能力を有し、権利の主体となることが認められているからこそ、本を購入するという売買契約やアルバイトをするといった雇用契約を締結することが可能となる。
　では、我々のような生まれながらの人（自然人）はいつから権利能力を有す

ることができるか。3条1項によれば，人は出生によって私権の享有を始める。ここでいう民法上の出生は，子の身体が母体からすべて出てきた時点を指す（全部露出説）。つまり，人は，生まれ落ちたその瞬間から私法上の権利を有することが認められている。

　これに対し，人が権利能力を失うのは死亡時だと考えられている。このことに関する直接の規定はないが，882条に基づき，人の死亡により相続が開始することから根拠づけられる。逆にいえば，人は死亡したならば権利能力を失い，権利と義務を有することができないからこそ，相続が生じると考えられる。ただし，人の死亡時期が常に明確なわけではない。例えば，病院内での死亡と異なり，飛行機事故の場合，搭乗していた家族全員が死亡したことは確定していても，死亡した時間や順番は不明である（家族間で死亡した順番は，相続の際に重要となる）。そこで民法は，数人の者が死亡した場合の死亡時期の前後関係が不明な場合に，これらの者は同時に死亡したと推定する規定を置いている（32条の2，**同時死亡の推定**）。その他，当事者が行方不明なため生死不明の状態が継続していることもある。このように死亡時期の確定には難しい面がある。

　いずれにせよ，人は，生まれてから死ぬまで権利の主体として権利能力を有することとなる。したがって，3条1項は，人は絶対に客体にはならないという**権利能力平等の原則**（10頁参照）を前提とした重要な規定である。

　なお，このことは外国籍の人であっても異なるところはないため，3条2項に基づき，外国籍の人も日本人と同様に権利能力を有する（**内外人平等の原則**）。ただし，法令または条約による制約が存在することには注意が必要である。

Column 　自然人の「死」――脳死をどうとらえるか

　一般に，心停止により人が死亡したと医学的に判断されたとき，法的にも人は死亡し，これによって権利能力の終期を迎える。では，脳死も民法上の人の死として，権利能力の終了を認めてよいか。

　人の死については，医学や法律学など，様々な見地から定義づけることができるが，通常は三徴候説（心停止，呼吸停止，瞳孔散大という3つの兆候から死を判定するもの）に従って判断される。しかし，医学の発展の結果，身体は生きているが脳が

機能しないという脳死状態が生じることとなった。そして，1997（平成9）年に施行された臓器移植法においては，脳幹を含む全脳の機能が不可逆的に停止するに至ったと判定された者を脳死した者と定義して，その者からの臓器の摘出を認めている。そこで，民法上の死に脳死を含むかが，問題となる。

この点について，臓器移植法は脳死判定や臓器移植の手続等について定める法律であって，一般的な人の死を定めるものではないと考えられている。そのため，現在でも民法上の死は三徴候説に従って判断され，脳死は民法上の死ではない。したがって，脳死に陥った者の権利能力は継続するとされる。

しかし，脳死状態に陥った者は，もはや自由な意思で自己決定を行うことができない。これは意思決定の自由を失った状態だといえる。その状態を法的にどのように考えるべきか，それぞれ考えてほしい。

2　胎児の権利能力

権利能力の始期を「出生」と定めた以上，胎児は権利能力をもたないこととなる。すなわち，胎児が権利を有することは認められず，義務を負うこともない。なぜならば，胎児は未だ生まれていないからである。しかし，これを徹底すると胎児にとって不公平な場面が生じる。

例えば，交通事故によって子が胎児の間に父親が死亡しても，権利を有することができない胎児は加害者に対して損害賠償請求をすることができない一方で，仮に1日違いであったとしても子が出生してから父親が死亡した場合には，子による損害賠償請求が認められることとなる。このような差が生じることは，子の権利保護の観点から妥当ではない。

そこで民法は，損害賠償請求（721条），相続（886条），遺贈（965条）の3つの場面において，胎児はすでに生まれたものとみなすと規定することで，胎児が例外的に権利能力を有することを認めている。その結果，胎児はこれらの権利を有することができるとされる。ただし，死産であった場合には適用されない（886条2項）。また，同じく胎児に関する例外規定として，認知（783条）がある。これによれば，父親が胎児を認知することが可能である。ただし，本項に基づく認知の場合，母親の承諾が必要である（783条1項）。

> **Column　胎児の権利能力はいつから生じるのか──阪神電鉄事件**
>
> 　例外的に胎児が権利能力を有する場合，いつから，誰がどうやって，胎児の権利を行使することができるのか。例えば，父親が交通事故で死亡した場合，721条に基づき，胎児も加害者に対する損害賠償請求権を有することができる。しかし，胎児は生まれていない以上，権利を行使することができないはずである。では，誰がいつ，胎児の権利を代わりに行使するということになるのか。
> 　この点につき学説は，停止条件説と解除条件説の２つに分けられる。停止条件説とは，胎児は生まれるまで権利能力を有することはなく，生きて生まれてから初めて，胎児であった時期に生じた事由に関係する権利を行使することができるという考え方である。したがってこの説によれば，胎児が生まれるまでその権利を行使することは誰にもできない。これに対し解除条件説は，民法の規定により胎児であっても権利能力を有するために権利を行使できるとし，ただ胎児が死産であった場合に限り，いったん発生を認めた権利能力をさかのぼって否定する。この説によれば，胎児の間でもその権利を行使することができる。ただし，胎児本人は生まれていないため，他の者が行為することとなる。
> 　裁判所は，阪神電鉄事件（大判昭７・10・６民集11・2023）において停止条件説を採用した。すなわち，民法による胎児の権利能力に関する規定は，胎児が生きて生まれた場合に，当該権利については出生により遡って権利能力があるとみなしたものであって，胎児の間に当該権利を処分する能力を認めたわけではなく，胎児に代わってその処分行為を行う機関に関する規定もないことから，胎児の間にその者の権利行使を行うことはできないとした。その結果，控訴院が否定した判断を，大審院は認めた。

2　意思能力

【設例1】　幼稚園児はお菓子の売買契約を結ぶことができるか。

　意思能力とは，自分の行為の結果を判断することのできる能力である。具体的には，代金10万円のスマートフォンの売買契約を締結したならば，買主である自分はスマートフォン（の所有権）を手に入れる代わりに，代金として10万円を売主に支払わなければならないといった，自らの行為の結果生じる内容について理解できる判断能力をいう。
　前述のとおり，人は権利能力を有する。とはいえ，誰もが自ら積極的に法律

関係を形成し，権利と義務を取得するための行為＝法律行為（代表的なものが契約）を行うことを認めてしまうと，自らの義務内容を理解しないまま契約を締結するなど，本人にとって不利益が生じる場合がある。そこで，法律行為をなすことで自らに生じる権利義務について，当事者は十分に理解して法律行為に臨むべきだと考えられる。そのために必要な能力が，意思能力である。

民法は，意思能力のない者，つまり**意思無能力者**のなした法律行為は，無効だと規定する（3条の2）。**無効**とは，法律行為の効力が当然に最初から生じないことをいう（119条。第 **7** 章参照）。一般に，7歳未満の者や寝たきりで意識のない患者，重度の認知症を患っている高齢者などは，日頃から意思能力がないと考えられる。また，通常時は判断能力を有するが，泥酔状態であるなど一時的に判断能力が極端に低下している者も，その行為時に限り意思無能力者としての評価を受ける。そのため【設例1】の幼稚園児が売買契約を行うことはできず，もし契約を締結したとしてもその契約は無効となる。ただし，3条の2は意思無能力者を保護するための規定であるから，この無効は意思無能力者側からしか主張することができない（**相対的無効**）と考えるのが通説である。

3　行為能力

【設例2】　未成年者や認知症患者は単独で有効な契約を締結できるか。

1　行為能力とは

行為能力とは，瑕疵のない完全な行為をなしうる能力をいう。これは，誰の手助けも必要とせず，有効な法律行為を行うことができることを意味する。

なぜ，意思能力以外に行為能力という概念が必要となるのか。その理由として，第1に，行為時に意思無能力であったと証明することが非常に難しいことが挙げられる。民法が，意思表示をした時に意思能力を有しなかったとき（3条の2）と規定しているように，意思能力の有無は，問題となる法律行為の種類との関連において，個別具体的に判断する。例えば，ほぼ意識のない状態で入院している寝たきりの患者が自宅のリフォーム契約を締結した場合には，行為時に意思無能力であったということが明らかである。一方で，自宅で生活を

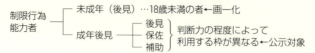

営んでいる比較的軽度の認知症患者が同じ契約を締結した場合，行為時に意思無能力であったとしてもそのことを裁判の際に立証することは非常に困難である。それにもかかわらず，立証できない以上は締結した契約によって生じた義務を常に負うとするならば，弱者保護の観点から問題である。第2に，完全な判断能力を有する正常成年者と，まったく判断能力のない意思無能力者の間に存在する，判断能力の不十分な者の保護を図る必要がある。仮に，意思能力の有無のみによって，本人のなした取引行為が有効か否かを決定するとすれば，正常成年者よりも若干判断能力の劣る者の取引行為をどのように扱うかという問題が生じる。そこで，これらの場面に対応するために，行為能力という概念が設けられている。

　行為能力者とは，行為能力を有する者であって，完全に有効な法律行為を単独で行うことができる。それに対し**制限行為能力者**は，行為能力が制限された結果，単独で有効な法律行為を行うことができず，保護者による支援のもとでのみ有効な法律行為を行うことができる。また，民法は，制限行為能力者が保護者に無断で行った法律行為をあとから取り消すことを認めている。以下では，この制度について確認する。

2　制限行為能力者制度
(1) 制度概要と手続要件

　制限行為能力者制度とは，制限行為能力者がなした法律行為について，一定の場合にあとから取り消すことを認める制度である。制限行為能力者は，あくまで当該行為を取り消すことが「できる」のであって，取り消さなければならないわけではない。制限行為能力者には，当該行為を有効に維持するか，取り消してなかったことにするかの選択権が認められることになる。一方，本制度は制限行為能力者を画一化または公示対象とすることから，取引の相手方にとっても事前に備えることができ，結果として不測の損害を回避することがで

きる。したがってこの制度は，判断能力の不十分な者を取引社会の過酷さから保護するとともに，それらと取引する相手方が不測の損害を受けることのないようにするという2つの側面を有する。

　具体的に制限行為能力者として規定されている者は，大きく2つに分類される。第1に，**未成年者**である。未成年者は，本人の判断能力の程度を問わず，年齢を基準として画一的に定められ，制限行為能力者として認められるための手続を要しない。

　それに対し成年者は通常，行為能力を有していると解される。しかし成年者であっても，認知症など精神上の障がいによって事理を弁識する能力（**事理弁識能力**）が低い場合には，本人保護のため，本人の行為をあとから取り消すことを認める必要がある。そこで民法は，第2の分類として，本来行為能力を有するとされる成年者を念頭に，本人の事理弁識能力が低下した後にその度合いに応じて法的な保護を与えるものとして，**後見・保佐・補助**という3類型を置いている。これらはいずれも，本人の意思決定が困難になった場合であっても，できる限り本人による意思決定を尊重するというノーマライゼーションの考え方が強く反映されたものである。

　未成年者と異なり，後見・保佐・補助に分類される者が制限行為能力者制度を利用するためには，本人・配偶者・四親等内の親族・検察官等による家庭裁判所への審判の申立てを行う必要がある。そして，それぞれ開始の審判を受けた場合には，法務局の後見登記等ファイルに登記されることで，当人が制限行為能力者であることが公示される（後見登記4条）。

　本人は，各開始の審判を受けた場合に限り行為能力の制限を受ける（後見について7条，保佐について11条，補助について15条参照）。たとえ認知症や知的障がいのために事理弁識能力が低いことが明らかであっても，家庭裁判所による開始の審判を受けていない限り，本人は制限行為能力者としての保護を受けることはなく，当人の結んだ契約を取り消すことは認められない。それでも，当人が結んだ契約の効力を否定したいと考えたならば，契約の当時，意思無能力者であったことを主張・立証する必要がある。

　なお，いったん3類型の1つに該当するとして家庭裁判所による開始の審判を受けたのち，事理弁識能力の低下ないし回復が進んで別の制限行為能力者と

しての開始の審判を受ける場合には，先に受けた審判を取り消さなければならない（19条）。また，各類型とも，開始の審判を行う原因が消滅したときは，開始の審判を取り消さなければならない（後見について10条，保佐について14条，補助について18条参照）。

このように，4種類の制限行為能力者に該当した場合，本人は保護者による支援のもとで法律行為を行うこととなる。つまり，【設例2】にある未成年者や認知症患者は制限行為能力者に該当することから，単独で有効な契約を締結することができない。以下では，各類型の保護の在り方について確認する。

(2) **未成年者**

未成年者とは，18歳未満の者をいう（4条）。未成年者は，判断能力が不十分な者が多いことから，各人の理解力の大小を問わず画一的に，制限行為能力者として扱われる。

未成年者は，原則として，**法定代理人**（具体的には親権者（818条，824条）または後見人（839〜841条，859条1項））の同意なしに，単独では有効な法律行為をすることができない（5条1項）。法定代理人の同意なしになされた未成年者による法律行為は，5条2項に基づき取り消すことができ，この取消権は未成年者本人と法定代理人に認められている（120条1項，取消しの効果については後述(6)参照）。同時に，両者には追認権も認められる（122条）。

これに対し，例外的に未成年者が単独で行うことができる法律行為がある。まず，単に利益を得たり，義務を免れる行為（5条1項ただし書）である。例えば，未成年者がプレゼントをもらったり，払うべき代金の支払いを免除されたりする場合が，これにあたる。これらは，未成年者にとってプラスになりこそすれマイナスにはならないため，行為能力の制限による保護を受ける必要がないからである。次に，事前に法定代理人による財産処分の同意がある場合である。民法は，処分目的を定めた財産についてはその目的の範囲内で，未成年者が財産を処分することを認めている（5条3項前段）。例えば，高校生が模試の受験料として親から渡されたお金を使って，模試の受験申込みをする場合である。この場合の未成年者は，あくまで許された目的の範囲内での処分のみ認められる。そのため，例えば先の例で未成年者が受け取った受験料を使ってマンガ本を購入するといった処分は，認められない。また，目的を定めないで処分

を許された財産についても，未成年者は自由に処分することができる（5条3項後段）。目的を定めないで処分を許された財産とは，例えばお年玉やお小遣いなどである。このような財産について未成年者は，渡された金額の範囲内で自由に処分することができる。最後に，未成年者が営業の許可を受けている場合がある（6条）。未成年者が許可された営業行為であるにもかかわらず，常に保護者の同意がなければ契約を締結することができず，同意がない場合はあとから当該契約を取り消される危険性があるとすれば，円滑な経済活動がなされず，未成年者本人にとっても非常に不便である。そのため，営業に関わる行為については，未成年者が自分一人で行うことが認められている。

　未成年者の法定代理人は，先に述べた取消権（120条1項）・追認権（122条）以外に，同意権（5条1項）と法定代理権（824条，859条）を有する。

(3) 後　見

　成年被後見人とは，精神上の障害により事理を弁識する能力（**事理弁識能力**）を欠く「常況」にあることから，後見開始の審判を受けた者を指し，これに対する保護者は**成年後見人**と呼ばれる（8条）。これは，成年者の中で事理弁識能力が最も低い人を対象とする。成年被後見人のなした法律行為は，原則としてすべて取り消すことができる（9条）。ただし，食料品のような日用品の購入その他日常生活に関する行為についてのみ，成年被後見人は単独で有効な法律行為をすることができる（9条ただし書）。

　成年後見人の役割は，成年被後見人の生活，療養看護及び財産の管理に関する事務を行うことである。その際は，成年被後見人の意思を尊重し，かつ，その心身の状態及び生活の状況に十分配慮する必要がある（858条）。また，成年後見人は成年被後見人の財産管理のため，財産に関する法律行為について被後見人を代表することができる（包括代理権，859条1項）。そのため，本人である成年被後見人と成年後見人が，取消権と追認権を有する（120条1項及び122条。取消しの効果は後述(6)）。しかし，成年後見人は同意権を有しない。したがって，成年後見人の同意があっても，成年被後見人のなした法律行為は取り消すことができる。

(4) 保　佐

　被保佐人とは，精神上の障害により事理を弁識する能力が「著しく不十分」

であるために保佐開始の審判を受けた者を指し，保護者を**保佐人**と呼ぶ（12条）。後見よりも事理弁識能力を有している人が対象となるのが，保佐である。

被保佐人は，未成年者及び成年被後見人と異なり原則として行為能力を有するため，通常は保護者の助けなく有効な法律行為を行うことができる。しかし，法的に重大な影響が生じる行為については，保護者である保佐人の同意を得なければ有効に行うことはできないと規定されている（13条1項）。同意が必要となる具体的な行為として，他の人の保証人になること，不動産その他の重要な財産に関する取引を行うこと，訴訟を行うこと，相続の承認・放棄や遺産分割を行うことなど13条1項列挙の事項が挙げられる。また，これらの重要な法律行為を，被保佐人自身が他の制限行為能力者の法定代理人として行う場合も，保佐人の同意を得なければならないものとされている（13条1項10号）。例えば，夫Aが妻Bの成年後見人としてBの世話を行っていた5年後に，A自身も病気にかかり被保佐人となって保佐人Cが就任した場合，AがBの成年後見人として13条1項列挙の法律行為を行う場合には，自身の保佐人であるCの同意を得なければならない。その理由は，被保佐人となったAがその後もBの財産を管理することは，判断能力の点から困難だからである。これ以外に，家庭裁判所は，被保佐人が13条1項所定の行為以外の行為をする場合でも，保佐人の同意を得なければならない旨の審判をすることができる（13条2項）。なお，被保佐人は，成年被後見人よりは判断能力を有しているということができるため，9条ただし書の行為については単独で有効に行うことができる（13条1項ただし書，同2項ただし書）。

保佐人は，13条1項列挙の事項に関する同意権，及び財産管理を行う代理権を有する。ただし，保佐人が，被保佐人の利益を害するおそれがないにもかかわらず当該行為について同意しない場合には，家庭裁判所が代わりに許可を与えることができる（13条3項）。例えば，親Aが被保佐人，子Bが保佐人となって両者が同居している状況で，Aが居宅を売却して施設に入居しようと考えているにもかかわらずBが反対して家を売却できないといった場合，家庭裁判所が代わりに許可を与えることができる。

13条1項に該当する事項でありながら保佐人の同意を得ずに被保佐人がなした行為は，取り消すことができる（13条4項）。この取消権は，本人である被保

佐人と保佐人が有する（120条1項。取消しの効果は後述(6)）。両者は追認権（122条）も有する。

(5) 補　助

被補助人とは，精神上の障害により事理を弁識する能力が「不十分」であることから補助開始の審判を受けた者であり，保護者は**補助人**と呼ばれる（16条）。補助は，ほとんど問題なく事理弁識能力を有しているが，大きな財産取引については不安がある人を対象とする。後見・保佐・補助の3類型の中で最も事理弁識能力のある人が対象であることから，他の2類型と異なり，15条2項に基づき，本人以外の者の請求によって補助開始の審判を行う場合には，本人の同意が必要である。また，被補助人は原則として行為能力を有し，13条1項に規定する行為の一部に限って行為能力の制限を受ける（17条1項）。すなわち，限られた法律行為に限り，補助人の同意がなければ被補助人は当該行為を単独で行うことができず，仮に補助人に無断で行った場合には当該行為を取り消すことができる（17条4項）。この取消権は，被補助人と補助人が有する（120条1項。取消しの効果については後述(6)）。追認権（122条）も同様である。被補助人の利益を害する恐れがないにもかかわらず補助人が同意を与えない場合の取り扱いについては，保佐と同様である。

補助人の権限は，家庭裁判所の審判により，特定の法律行為に関する同意権または代理権，あるいはその両方を有する。その結果，取消権（120条1項）と追認権（122条）も有することとなる。

(6) 取消しの効果

【設例3】　未成年者が両親に無断でバイクを購入し運転したところ，転倒してバイクに傷をつけてしまった。後に両親がバイクの売買契約を取り消した場合，未成年者側は返還するバイクの修補費用を負担する必要があるか。

取消しとは，いったん有効に発生した法律行為の効力を後から行為の時にさかのぼって失わせることである（121条。第7章参照）。したがって，【設例3】のように親権者があとからバイクの売買契約を取り消した場合，バイクの売買契約は遡及的に無効となることから，未成年者と販売店はそれぞれ買主と売主の地位を失う。そのため，未成年者はバイクを販売店に返還しなければならな

表 1-1　制限行為能力者制度の概要

			未成年 5・6 条	後見 7～10 条	保佐 11～14 条	補助 15～18 条
対象者			満 18 歳に達しない者	精神上の障害により事理を弁識する能力を欠く常況にある者	精神上の障害により事理を弁識する能力が著しく不十分な者	精神上の障害により事理を弁識する能力が不十分な者
開始手続			不要（未成年後見人を選任する場合は，838～841 条）	一定の者の請求による後見開始の審判（7 条，838 条 2 号）	一定の者の請求による保佐開始の審判（11 条，876 条）	・一定の者の請求による補助開始の審判（15 条 1 項，876 条の 6） ・本人の同意必要（15 条 2 項）
				請求権者：本人，配偶者，4 親等内の親族，監督人，検察官 任意後見受任者，任意後見人，任意後見監督人，市町村長		
名称（本人）			未成年者	成年被後見人	被保佐人	被補助人
（保護者等）			親権者，未成年後見人	成年後見人	保佐人	補助人
（監督者）			未成年後見監督人	成年後見監督人	保佐監督人	補助監督人
保護者の有する権限	同意権	（原則）	有（5 条 1 項）	無	無	無
		（例外）	無（5 条 1 項ただし書，5 条 3 項，6 条の場合に限り，保護者の同意不要）	無	有（13 条 1 項所定の行為及び，13 条 2 項の審判による行為のみ，保護者の同意要）	有（17 条 1 項に基づき，13 条 1 項所定の行為のうち，請求の範囲内で家裁が定める特定の法律行為のみ，保護者の同意要）
	代理権		有			
			財産に関するすべての法律行為（824，859 条）	財産に関するすべての法律行為（859 条）	請求の範囲内で家裁が定める特定の法律行為（876 条の 4 第 1 項） ・本人の同意要（876 条の 4 第 2 項）	請求の範囲内で家裁が定める特定の法律行為（876 条の 9 第 1 項） ・本人の同意要（876 条の 9 第 2 項）
取消権者（120 条 1 項）			本人，親権者，未成年後見人（以上二者法定代理人），承継人	本人，成年後見人，本人の承継人	本人，保佐人，本人の承継人	本人，補助人，本人の承継人

いし，同様に販売店は受け取った代金を未成年者に返還しなければならない（原状回復義務。121条の2第1項）。

　原状回復義務とは相手方を元の状態に戻す義務であるから，本来，相手方から受領したものをすべて返還する必要がある。ただし，その返還範囲について，制限行為能力者は特別の保護を受けている。制限行為能力者がなした法律行為の効力が失われた場合，制限行為能力者は，当該法律行為によって現に利益を受けている限度において，返還の義務を負うとされる（121条の2第3項後段）。したがって，【設例3】において未成年者が既にバイクを運転して傷をつけてしまったとしても，傷を修理する必要はなく，傷のついたバイクを販売店に対して返還すればよいとされる。その一方で，販売店は代金全額を未成年者に返還する必要がある。なお，受け取った物がそれ自体か又は形を変えて存在していれば，利益を現に受けていると評価される。受けた利益を必要な出費に充てた場合も，それによって本来出費すべき財産を減らさずに済ませたといえることから，同様とされる。

(7) 相手方保護の規定

　これまで見てきたように，制限行為能力者制度は，判断能力の不十分な者によってなされた法律行為の取消しを認めることで，本人の保護を図ることを主たる目的とする。しかし，その結果として取引の相手方は，いったん成立したと考えていた取引があとから効力を失うことにより，不測の損害を被るおそれがある。そこで，大きく2つの相手方保護規定が置かれている。

①催告権（20条）

　制限行為能力者の取引の相手方は，制限行為能力者側に対し1か月以上の期間を定めて，その期間内に取り消すことができる行為を追認するか否か確答するよう，**催告**することができる。つまり，取引の相手方から制限行為能力者側に対して，当該取り消しうる法律行為を取り消すか，あとからではあるが当該行為を認めて有効なまま維持するか（＝追認するか）早期に確定するよう，求めることができる。これによって，相手方はいつ契約を取り消されるかわからないという不安定な立場から抜け出すことができる。20条1項は制限行為能力者が行為能力者となった後の本人に対して，同条2項は制限行為能力者の保護者に対してそれぞれ催告するものであり，期間内に返事がない場合にはいずれ

も，制限行為能力者側が当該行為を追認したものとみなす。一方，20条4項は，被保佐人または被補助人に対し，すでになした法律行為について保護者の追認を得るよう催告するものであり，期間内に追認を得た旨の通知がない場合には，その行為を取り消したものとみなされる。これらは，取引の相手方が催告した対象が，判断能力のある者か否かで効果が異なっている。20条3項は，特別な方式を必要とする行為に関するものである。

②制限行為能力者の詐術（21条）

【設例4】 18歳だと嘘をついた未成年者も契約を取り消すことができるか。

　制限行為能力者が，**詐術**を用いて，相手方に対して自らは行為能力者であると信じさせたうえで法律行為を行った場合には，もはや当該法律行為を取り消すことができない（21条）。行為能力の有無について相手方をだますような不誠実な制限行為能力者を，相手方に損害を与えてまで保護する必要はないため，本条が設けられている。

　21条の成立要件は，ⅰ）制限行為能力者が行為能力者であると誤信させるため，ⅱ）詐術を用い，ⅲ）詐術によって相手方がその者の行為能力について誤信したことの3つである。したがって，これらを充足した場合，【設例4】の未成年者の法律行為が法定代理人の同意を得ずに行ったものだったとしても，もはや取り消すことはできない。

　3つの要件の中で特に問題となるⅱ）詐術とは，自分の行為能力について嘘をついて相手方をだますことを指す。ここには，制限行為能力者が，自分は行為能力者だと嘘をつく場合や，自分自身は制限行為能力者だが保護者の同意を得ていると説明する場合が含まれる。そのため，例えば16歳の未成年者が，身分証明書を偽造して18歳だと詐称し，自らは行為能力者であると積極的に相手方を誤信させたような場合には，当然に詐術を用いたと判断される。では，相手方から確認されなかったから年齢を伝えなかったといった単純黙秘の場合は，詐術にあたるか。通常，単純黙秘の場合は詐術を用いたと評価されない。一方で，制限行為能力者の他の言動などとあいまって，相手方を誤信させまたは誤信を強めた場合には，黙秘であっても詐術にあたる可能性がある（最判昭44・2・13民集23・2・291）。このように，何があれば詐術を用いたと評価され

るかは個別具体的に判断される。

> *Column* **未成年者による詐術――クレジットカードの不正利用**
>
> 　従来から消費者問題として、未成年者によるクレジット利用が取り上げられてきた。中でも21条詐術との関係では、未成年者が年齢を詐称した上で親のクレジットカードやその識別情報を不正利用し、親に無断で契約を締結した後に、親が当該契約を取り消したという事案が見られる。例えば京都地判平25・5・23判時2199・52は、未成年者による風俗営業店でのクレジットカードの不正利用が問題となった事案である。本件は、接客営業の公序良俗違反が問われる場面でもあるが、当時16歳の未成年者が18歳と詐称したこと（事件当時の規定によれば成年者は20歳以上の者であった）や本人の風貌、店側から年齢確認がなされなかったこと等から、取消しが認められた。このように、まさに社会経験が未熟で判断能力が成年者ほど高くはない未成年者の詐術については、未成年者の帰責性と取引の安全を比較衡量し、取引の実態に即した判断をなすことが必要だと考えられる。

3　任意後見制度

任意後見契約とは、委任者が、受任者に対し、精神上の障害により事理を弁識する能力が不十分な状況における自己の生活、療養看護及び財産の管理に関する事務の全部又は一部を委託し、その委託に係る事務について代理権を付与する委任契約であって、任意後見監督人が選任された時からその効力を生ずる旨の定めがあるものである（任意後見2条1号）。例えば60歳のAさんが、仕事で知り合った信頼できるB弁護士に、自分が病気を患い判断能力が低下したときには、自分に代わって財産管理をしてほしいと依頼する際に、任意後見契約が利用される。この任意後見契約に関する制度は、本人の判断能力が十分ある間に自身の判断能力が低下した場合に備えて支援してくれる人を自らが定めておくことにより、本人の意思決定が困難になったとしても、できる限り本人の意思決定を尊重することを目的とする。

　任意後見制度と対比して、後見・保佐・補助の3類型は法定後見制度と呼ばれ、法定／任意後見制度をまとめて成年後見制度という。法定後見の場合、各類型の保護者は家庭裁判所によって選任されるが、任意後見の場合、本人が信

頼できる人を保護者として，事前に契約で定めることができる点に特徴がある。

任意後見契約は，公正証書でしなければならない要式契約である（任意後見3条）。要式契約とされた理由は，①任意後見契約の効力が発生する頃には本人の判断能力は低下しており，本人の意思確認に困難が生じること，また②任意後見人のなす法律行為は本人に大きな影響を与えることから法律関係を明瞭にし，適正手続を確保するためだとされる。

任意後見契約と法定後見制度を比較すると，前者の方がより本人の意思を尊重することができるため，任意後見契約が存在する場合，法定後見はなされないのが原則である（任意後見10条1項）。このような本人の自律を尊重することができる制度は高齢化社会において必要なものであり，その利用が期待されている。

> **Column　成年後見制度の見直しについて**
>
> 　現在の成年後見制度について，多くの問題点が指摘されている。具体的には，①法定後見制度を利用する動機となった課題（例えば相続に伴う遺産分割協議）が解決し，本人やその家族にとって制度利用の必要性がなくなったと思われる場合であっても，本人の判断能力が回復しない限り制度の利用が継続すること，②本人にとって必要な限度を超えて本人の行為能力が制限されること，③保護者の代理権が広すぎること，④例えば本人や家族はA施設に入所を希望しているにもかかわらず，成年後見人がB施設への入所を決定するなど，成年後見人による代理権や財産管理権の行使が本人の意思に反して行われることで，本人の意思決定を阻害している場合があることなどが挙げられる（法制審議会）。また，これらの問題点について，2022（令和4）年10月には，障害者権利条約第12条との関連で，国連の障害者権利委員会からの勧告がなされている。
>
> 　このような状況を受けて，法務省は法制審議会民法（成年後見等関係）部会を設置し，2024（令和6）年4月に第1回会議が開催されて以降毎月1～2回のペースで審議が行われている。したがって，成年後見制度については今後大きく改正されるため，議論の行方を注視する必要がある。

4　住所と居所

1　住　所

住所とは，人の生活の本拠（22条），すなわち人の生活の中心的な場所をいう。ここでいう生活は，法律関係ごとに個別に判断する。一人の人について住所の数をいくつ認めるかについては，単一説と複数説があるところ，現在は社会生活の変化に伴い複数説が通説とされる。例えば，家族と居住している自宅の場所と，自身がオーナーである店舗の場所の2つを住所と認めるような場合である。どの場所を住所とするかの判断は，本人の主観的な定住の意思を問わず，定住の事実さえあればよいとする客観主義に従ってなされる（通説）。

民法上，住所が問題となるのは，不在者（25条）及び失踪（30条）の基準，債務の履行地（484条1項），相続開始の場所（883条）等である。また，民法以外の法律においても，裁判管轄の基準（民訴3条の2），国際私法の準拠法決定の基準（法適用5条，同6条）等，住所を判断基準とするものがある。

なお，我が国には，戸籍に記載される本籍や住民票に登録される住所など，公法上登録されている住所がある。これらは，公法上意義を有するものであって，私法上の住所の概念とは直接に関係しない。

2　居所・仮住所

居所とは，住所ほど土地との密接な度合いが強くないが，継続して居住している場所を言う。住所が知れない場合（23条1項），及び日本に住所を有しないとき（23条2項）に，居所が住所とみなされる。

これに対し**仮住所**とは，居住の事実がなくとも，住所とみなされる特定の場所を指す。法律行為の当事者が一定の行為についてある場所を仮住所と選定すると，その行為に関しては，その仮住所を住所とみなすことができる（24条）。

5 不在者の財産管理と失踪宣告

1 不在者の財産管理

不在者とは，従来の住所または居所を去って容易に帰ってくる見込みのない者をいう（25条1項）。例えば，家出した者，被災して行方がわからない者などが挙げられる。不在者については，本人や残された家族等利害関係人のため，何らかの措置を講ずる必要がある。そこで民法は，25条から29条において，不在者の財産管理に関する規定を置いている。すなわち，不在者が自身の財産管理人を置かなかった場合（25条）と置いた場合（26条）に分け，前者の場合には，利害関係人又は検察官の請求に基づき家庭裁判所が選任した財産管理人がなすべき職務と有する権限について規定している（27〜29条）。

2 失踪宣告
(1) 失踪宣告の意義

失踪宣告とは，不在者の生死不明の状態が一定期間継続した場合に，その者を死亡したとみなす制度である。これは，不在者がどのような形で失踪したかによって，**普通失踪**と**特別失踪（危難失踪）** の2つに分けられる。普通失踪とは，本人が家出するなど日常生活の中で行方不明になった場合であり，特別失踪（危難失踪）とは，本人が災害に巻き込まれるなど特別な危難に遭遇した場合である。

失踪宣告は，人の権利能力の終期である人の死に関する制度であり，法律関係の早期安定を目的とする。すなわち，本人不在の期間が長期にわたる場合，管理人が不在者の財産管理を行うとはいえ，本人の財産や残された家族に関わる法律関係が確定せず，不安定なまま継続してしまう。その結果，例えば不在者A所有マンションの賃借人Bが賃貸借契約の解除を希望しても，賃貸人A不在のため解除できないという問題や，夫Xが長期不在のまま残された妻YがXと離婚してZとの再婚を希望していても，X不在のため離婚ができないといった問題が生じる。そこで民法は，長期の不在者を死亡したものとみなすことで，その者に関わる法律関係を早期に確定させることとした。ただし失

踪宣告は，生きているかもしれない人を死亡したものと擬制する制度であることから，手続要件が厳しく定められている。以下ではその内容を学ぶ。

(2) 失踪宣告の要件

失踪宣告の要件は，実質的要件と形式的要件に分けられる。

失踪宣告の実質的要件（30条）は，①不在者の生死が明らかではないこと，②生死不明の状態が一定期間継続していることである。特に②については，2つに分類される。まず，**普通失踪**の場合，不在者の生死が7年間明らかでないこと，すなわち不在者の最後の音信の時（例：手紙やeメールが届いた，駅で姿を見た等）から7年間生死不明の状態が継続している必要がある（30条1項）。これに対し**特別失踪**（**危難失踪**）では，ⅰ）戦地に臨んだ者は戦争が止んだ後，ⅱ）沈没した船舶の中に在った者は船舶が沈没した後，ⅲ）その他死亡の原因となるべき危難に遭遇した者はその危難が去った後から，それぞれ1年間生死不明の状況が継続した場合に，②の期間を充たすこととなる（30条2項）。

これに加えて形式的要件として，①利害関係人の請求があること，及び②家庭裁判所が公示催告の手続（家事148条）を経た上で宣告を行うことが必要である。ここでいう利害関係人とは，失踪宣告を求めるについて法律上の利害関係を有する者，すなわち失踪宣告がなされることで権利を取得したり義務を免れる者を指す（大決昭7・7・26民集11・1658）。具体的には，不在者の配偶者や死亡保険金受取人などが挙げられる。なお，不在者財産管理人の場合と異なり，検察官は失踪宣告の請求権者に当たらない。

なお，利害関係人は，実質的要件の期間が経過すれば家庭裁判所に失踪宣告の請求をすることができるのであって，請求しなければならないわけではない。したがって，上記期間以上に年月が経過してから請求されることもありうる。

(3) 失踪宣告の効果

家庭裁判所によって失踪宣告がなされた場合，その不在者つまり失踪宣告を受けた者（本人）は死亡したものとみなされる。普通失踪の場合，本人の最後の音信のときから7年が経った時に，特別失踪の場合，その危難が去った時に，本人は死亡したものとみなされる（普通失踪につき31条前段，特別失踪につき31条後段）。失踪宣告により本人が死亡したものとみなされた結果，例えば相続

37

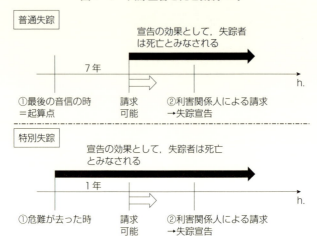

図1-2 失踪宣告と死亡擬制の時

が開始され（882条），また，その者と残存配偶者の婚姻関係は終了する。

　ただし，失踪宣告による死亡擬制の効果は，あくまで不在者の従来の住所において形成された私法上の法律関係に限られる点に注意する必要がある。したがって，失踪宣告を受けた者が実際には生存していた場合には，その者の権利能力は否定されず，本人は新しい住所で形成した私法上の法律関係について権利を有し義務を負う。例えば，大阪で失踪宣告を受けたAが実際には生存し名古屋で生活していたような場合，Aが名古屋で締結したコンビニエンスストアでの売買契約や日雇いで働いた雇用契約は有効に成立する。もちろん，失踪宣告によって死亡とみなされた以上，本人は戸籍から除外されるため，戸籍を基礎として認められる選挙権やパスポート・運転免許証等の取得など，公法上の権利を喪失する。しかし，失踪宣告はあくまで残された利害関係人に関わる法律関係の確定を図るものであり，その目的の限りで効果を認めるべきである。

(4) **失踪宣告の取消し**

【設例5】Aが失踪宣告を受けたことからBがAの財産を相続した後に，Aの生存が判明した場合，Bは受け取った相続財産をAに返還する必要があるか。

失踪宣告を受けた者がのちに生存していたことが判明した場合，失踪宣告は誤っていたこととなる。このような場合，家庭裁判所は，本人または利害関係人の請求により失踪宣告の取消しの審判を行い，失踪の宣告を取り消さなければならない（32条1項前段）。なお，失踪宣告により死亡したとみなされた時と異なる時に死亡したことが明らかになった場合（異時死亡）にも，失踪宣告は取り消されなければならない。なぜならば，その者がいつ死亡したかによって，法定相続人やその相続分に影響があるからである。

　失踪宣告取消の実質的要件として，次のいずれかの事実の証明が必要とされる。すなわち，①失踪者が生存すること（32条1項本文），②宣告によって死亡したとみなされる時と異なる時に死亡したこと（32条1項本文），③失踪期間の起算点以後のある時期に生存していたことのいずれかである。また，形式的要件として，本人または利害関係人の請求が必要とされる（32条1項本文）。

　失踪宣告が取り消された場合，失踪宣告は始めに遡って効果を失い（遡及効），その結果，死亡擬制の効果も失われる。その結果，失踪者本人が死亡したことを前提として生じた法律効果は，その基礎を失う。例えば，①開始した相続はなかったこととされるため，相続人は承継したはずの財産を本人に返還する必要があるし，②本人の死亡を理由として終了した残存配偶者との婚姻関係は復活する。したがって，【設例5】の場合，BはAに対し受け取った相続財産を返還しなければならない。

　しかしこれを徹底すると，失踪宣告を信頼して新たな法律関係を構築した者に不測の損害を与える危険性がある。具体的には，相続人が相続財産を第三者に譲渡していた場合の当該財産の帰属の問題や，残存配偶者が再婚していた場合に重婚になるのではないかといった問題が生じる。そこで民法は，本人の利益と失踪宣告を信頼した者の利益を調整するために，取消しによる遡及効について一定の制限を設けている。

【設例5-①】　Aが失踪宣告を受けたことを理由としてAの財産を相続したBが，相続財産のうちの1つである土地をCに売却したのち，Aの生存が判明した場合，CはAに土地を返還しなければならないか。

　第1の制限として，失踪宣告取消の効果は，「失踪の宣告後その取消し前に

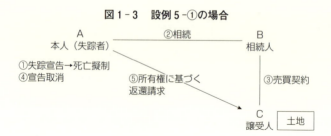

善意でした行為」の効力には影響を及ぼさない（32条1項後段）。取消しの影響が及ばない以上，この期間に失踪者本人の死亡を前提として**善意**でした行為は効力を失わず，有効なまま維持される。これは，失踪宣告を信じた行為者を保護することを目的とする。ただし，誰のどのような行為が善意であればこの例外に該当するかについては，議論がある。

　まず，対象となる行為は，32条1項後段より，①失踪宣告後取消し前に，②善意でなされた行為に限られる。ここでいう「善意」とは，失踪宣告が事実と異なることを知らず，失踪者本人は死亡していると信じていたことを指す。したがって，①の期間内になされた相続財産の処分や後見の職務行為は，当事者が善意である限り有効である。では，①の期間になされた行為が上の図のような法律行為であって複数人が関与する場合，誰が善意であればよいか（②関連の問題）。図のようにBC間でなされた行為が財産的取引行為の場合，判例（大判昭13・2・7民集17・59）はBC双方ともに善意でなければならないとの立場を採用している。なぜならば，失踪者Aは本来宣告取消しにより権利状態を回復することができるにもかかわらず，32条1項後段に該当した場合には権利状態を回復できないという不利益を受けることとなる。Aにこのような不利益を生じさせる以上，取引の行為者一方の善意のみでは足りず，双方の善意が必要であるとしている。したがって，【設例5-①】の場合，BCともに善意の場合に限り，CはAに土地を返還しなくてもよい。これに対し，学説上，この規定は第三者Cのために取引の安全を保護する趣旨であると解し，Bが悪意であってもCが善意であれば32条1項後段の適用対象となるとする考え方も有力である。

　一方，なされた行為が再婚などの身分行為である場合，失踪者本人と残存配

偶者の婚姻関係（前婚）と，残存配偶者の再婚（後婚）の関係が問題となる。この点につき現在は，本人の意思を尊重すべき身分行為については32条1項後段を適用しないとし，後婚の当事者の善意・悪意を問わず，後婚が絶対的に保護されるという立場が有力である。この立場によれば，当事者が前婚を有効にしたい場合は，後婚を離婚により解消し（770条1項5号に該当すると考える。），再度前婚の当事者間で婚姻をすることとなる。これに対し，32条1項後段を身分行為に適用する立場によれば，後婚の当事者双方が善意の場合に限り，前婚関係は復活しないと考えられる。そして後婚の当事者の一方ないし双方が悪意の場合には，宣告取消の遡及効の結果，前婚が復活し，重婚状態が生じることとなる（732条）。そこで，残存配偶者は前婚を離婚によって解消するか（763条以下），後婚を取り消す必要がある（743, 744条）。

【設例5-②】　Aが失踪宣告を受けたことを理由としてAの財産を相続したBは，生存していたAに対し，承継した財産すべてを返還する必要があるか。

　第2の制限として，失踪宣告取消後の財産の返還範囲に関する規定がある。すなわち，失踪宣告によって財産を得た者（受益者）は，その取消しによって権利を失うが，現に利益を受けている限度においてのみ返還する義務を負う（32条2項）。失踪宣告が取り消された場合，前述のとおり本人の死亡擬制の効果は失われることから，失踪宣告を直接の原因として財産を得た受益者は，法律上の原因（703条）なしに財産を得たり，その処分によって対価を受けていたことになる。このような場合，本来受益者は取得した財産のすべてを本人に返還する義務を負うはずである。しかし，それでは酷なことから，民法は受益者を保護するため，あくまで失踪宣告の取消時に受益者が現に受けている利益の限度でのみ，本人に財産を返還すればよいと規定している。ここでの失踪宣告を直接の原因として財産を得た受益者とは，例えば相続人，受遺者，生命保険金の受取人などを指す。なお，受益者の手元に利益が残っていないように見える場合であっても，受益者が失踪宣告により得た財産から出費を行うことで受益者自身の財産から支出せずに済んだような場合は，その相当額の利益が残存し，現に利益を受けていると考える（現存利益について，第7章参照）。

　ところで，32条2項は，受益者の善意・悪意を問わない形で規定されてい

る。したがって条文に従えば，受益者は常に現存利益のみ返還すればよいことになる。しかし，民法の不当利得法（703条以下）は，善意の受益者の場合，その利益の存する限度について返還するものとし（703条），悪意の受益者の場合，受けた利益に利息を付して返還するものとしている（704条）。そこで，32条2項の運用においても，一般の不当利得法と同様に，受益者の善意・悪意によって返還範囲に違いを設けるべきかが問題となる。

　この点につき通説は，失踪宣告取消時の財産の返還範囲についても，受益者の善意・悪意によって違いを認めるべきだとする（我妻・総則・112，四宮能見・総則・94）。その理由は，本来は全額返還されるべき本人の利益を損なってまで悪意者を特別に保護する必要はないからだとされる。したがって，【設例5-②】の場合，Bの善意・悪意によって返還範囲は異なるものとなる。

　なお，受益者が取得した財産について取得時効の要件を備えた場合には，宣告が取り消されても影響を受けず，財産の返還義務をそもそも負わない点に注意が必要である（取得時効については，第9章で学ぶ）。

(5) 失踪宣告と認定死亡の違い

　失踪宣告に類似する制度として，認定死亡がある。認定死亡とは，水難，火災その他の事変によって死亡した者がある場合，その取り調べをした官庁又は公署の報告によってその者を死亡したものと扱う戸籍法上の制度である（戸89条）。遺体が発見できないものの，その状況からほぼ死亡が確実な場合に，取り調べにあたった警察等が死亡の認定をして，当人を死亡したものと扱うのが認定死亡である。

　認定死亡の利用される場面は，失踪宣告，とくに特別失踪の場合に類似している。そのため，認定死亡によって死亡したものと扱われた者が実際には生存していた場合，失踪宣告と同様の問題が生じる。このような場合，失踪宣告の取消しに関する前記制限的措置を準用してよいとされる。一方で，民法上の制度である失踪宣告の効果が失踪者を死亡したものと「みなす」ものであるのに対し，戸籍法上の認定死亡の効果は，便宜上死亡したものと扱うにとどまることから，前者と異なり生存の確証が出てくると当然に効力を失う。この点が，宣告の取消しを必要とする失踪宣告とは異なる。

> 木を見る：復習問題

1. 権利能力の定義を説明しなさい。
2. 制限行為能力者として規定される4類型について，それぞれ対象者の例を挙げながら，本人が単独で行うことのできる法律行為について説明しなさい。
3. 制限行為能力者の取引の相手方を保護する2つの規定について，条文を挙げて説明しなさい。
4. 失踪宣告の種類と，それぞれ宣告を受けるための要件について説明しなさい。
5. 失踪宣告を取り消した場合の効力について，場合を分けて説明しなさい。

📖 おすすめ文献

①山野目章夫『民法概論Ⅰ　民法総則〔第2版〕』（有斐閣，2022年）。
　抽象的な規定の多い総則について，章ごとに具体的な課題を提示し，規定を学んだのちに課題の考察を行うなど，実践的な問題解決能力を高めるのに適した基本書。

②長坂純『民法〔財産法〕講義〔第2版〕』（勁草書房，2023年）。
　財産法分野の全体について解説する基本書。それぞれの講に〈講義の目標＆ポイント〉が明示されており，読者が何を意識して本書を読むべきかの意識づけが行われている。また，1冊で財産法全体を学ぶことができる。

第2章 権利の主体2──法人

森を見る：学習の視点

　第2章では、「法人」について学びます。例えば、多くの会社は法人として認められています。会社であれば、個人と異なり、多額の資金を用いた大規模な事業を長期的に継続して行うことができますし、構成員個人の意思とは別に団体として取引を行うことで、手続と権利関係が複雑になることを避けることができます。そのために法人という制度は必要とされています。しかし、自然人と異なり、法人はどのようにして設立できるのか、どのように意思決定を行うのかという点が問題となります。これらの点について、自然人と比較しながら学びを進めましょう。

1　法人とは

1　法人の定義

　法人とは、自然人以外で権利義務の主体となりうるものをいう。言い換えれば、法人とは人または財産の集合体に権利能力を与えたものであり、具体例として株式会社や学校法人、医療法人、労働組合、一般社団法人、一般財団法人などが挙げられる。後述するように、人の集まりに権利能力を認めたものが社団法人であり、財産の集合体に権利能力を認めたものが財団法人である。

　人または財産の集まりが権利能力を取得することを、**法人格**を取得するといい、法人格を取得した場合、その集まりは法律上一人の「人」として扱われることになる。従来、このような権利の主体である法人に関する規定は、自然人

同様、民法に全体的な規定が置かれていた。しかし、2006（平成18）年に一般社団法人及び一般財団法人に関する法律（略称、一般法人（法））が制定され、法人に関する規定が特別法に設けられたため、民法には最も基礎的な内容を定めた33～37条のみ残し、38～84条までが削除された。

2　法人の必要性

なぜ自然人以外に、法人という権利主体を認める必要があるか。それは、自然人にしか権利能力が認められないとすると、不都合が生じるからである。例えば、Aら50名の構成員が存在する団体がBとの間で建物の売買契約を締結する際、自然人にしか権利能力が認められないとすると、50名全員が署名捺印をして契約を締結するといった煩雑な手続が必要となる。また、その結果購入した建物はAら50名全員での共有となり、その利用や処分についても手続が必要となる。このような法律関係の複雑さを回避するために、法人という制度が必要となる。

団体が法人格を取得すると、大きく分けて2つのメリットがある。第1に、法律行為によって生じた権利義務の帰属先を団体に一本化することができ、法律関係を単純化することができる。第2に、法人の財産と法人構成員の財産を分離することができる。すなわち、法人の構成員は、法人の債務（例えば借金）を構成員個人の財産で履行することを免れるし、逆に法人は、構成員個人の債務のために法人の財産を差し押さえられることもない。

> *Column*　**法人の本質論**
>
> 　自然人ではないにもかかわらず、法律上独立の権利主体と認められる法人の本質はいかなるものか。このような法人の本質については、従来大きく3つの説が論じられてきた。
> 　法人擬制説とは、個人主義的な思想に基づき、権利の主体は本来自然人に限られるべきだが、社会的必要性から自然人に擬制して法が創出したものが法人だとする。これに対し、法人否認説は、法人の実態を無視ないし否認して、究極的には構成員個人または財産に権利義務の帰属を認めようとするものである。他方、法人実在説は、法人は法の擬制したものではなく、社会的実在であると主張する。これは、近代社会に

> おける団体による活動の増加などの社会実態を反映して主張されたものである。
> 　現在の法人論は，法人実在説を中心としつつも，いずれかの説に立つ必要はないとしてあまり議論されることがない。しかし，法人に関する問題は法政策・価値判断に影響されるところが大きいため，主張された当時の歴史的な法政策・価値判断を反映した法人論は，現在でも参考に値するとされている（四宮能見・総則・100）。

2　法人の種類と設立

1　法人の種類

　法人とは，人または財産の集合体である。自然人が生まれながらにして権利主体であるのに対し，法人は，一定の目的をもって設立された団体が，法律上特別に権利主体となることを認められるものである。そこで法人は，設立目的や基礎となる構造など様々な視点で分類される。

(1) **内国法人・外国法人**

　内国法人とは，日本法に準拠して成立した法人であり，**外国法人**とは，外国法に準拠して成立した法人である。35条は，外国，外国の行政区画及び外国会社のみ外国法人として成立することを認許しており，外国の民事会社や非営利法人は原則として認許されない。認許とは，日本における法律上の権利能力を有することを承認することを意味する。

(2) **公法人・私法人**

　公法人とは，国家的公共的事務を遂行することを目的として，公法に準拠して成立した法人を指し，国や地方自治体がこれにあたる。これに対し**私法人**とは，私人の事務を遂行することを目的として私法に準拠して設立される法人であり，具体的には会社や一般社団法人がある。公法人であっても，私法人と同様に財産を所有し，私法人と対等な立場で私的な法律関係を形成することから，その限りでは私法の適用を受ける（公法人の商行為について商2条参照）。

(3) **社団法人・財団法人**

　構造による分類として，社団法人と財団法人がある。**社団法人**とは，一定の目的のために集まった人の集まり（＝団体）に権利能力が認められたものであり，例えば株式会社や一般社団法人などがある。社団法人は構成員（＝社員）

の存在が必須であって，最も重要な機関である社員総会を置くことが必要である（詳しくは，53頁参照）。

これに対し**財団法人**とは，一定の目的のために拠出された財産の集まりに権利能力が認められたものであり，例として日本相撲協会が挙げられる。財団法人に社員はいないため社員総会も不要であるが，あくまで財産を拠出した設立者の意思に基づいて活動する必要があることから，実際には評議員などが設立目的に沿った財産の運用を行う。

(4) 営利法人・非営利法人・公益法人

上記(3)に対し，法人が営利を目的とするか否かで区別する分類方法がある。**営利法人**とは，営利を目的とする法人をいい，株式会社がその具体例である。ここでの**営利**とは，事業によって得た利益を社員に分配することを指し，単に収益事業を行うことを指すのではない。したがって，例えば，ある法人が利益を得るために収益事業を行っても，事業によって得た利益を社員に分配しなければ，営利法人ではない。

これに対し**非営利法人**とは，営利を目的としない法人であり，一般社団法人と一般財団法人がこれにあたる。非営利法人の中でも，社会全体の不特定多数の者の利益を目的とする事業を行うものを**公益法人**といい，民法上は学術，技芸，慈善，祭祀，宗教その他の公益を目的とする法人（33条2項）と定義される。ここには各地の医師会や将棋連盟，相撲協会などが含まれるが，特別法によって設立されるものも多い（学校法人，宗教法人，社会福祉法人など）。公益法人として認められると，税制上の優遇措置を受けられるという特徴がある。

特に，(3)と(4)については，それぞれ団体の構造と目的の組み合わせによって，営利社団法人，公益社団法人／公益財団法人，非営利・非公益社団法人＝一般社団法人／非営利・非公益財団法人＝一般財団法人と分類されることから，学習の視点（44頁）の図を再確認してほしい。

> *Column* **法律上の「社員」**
>
> 社会において株式会社の社員というと，株式会社で働いている人を指すことが一般的である。しかし法律上，このような人は株式会社と雇用契約を締結している被用者

（ないし労働者）を意味し，社団法人の構成員たる「社員」とは異なる点に注意する必要がある。

2　法人の設立
(1)　法人法定主義
　法人法定主義とは，法人は法律の規定によらなければ成立しないことをいう（33条1項）。市民は憲法21条1項により，結社の自由（私的自治の観点からは，団体設立の自由）が認められている。それにもかかわらず法人法定主義を採用している33条1項は，取引安全のため，当該団体が法人か否かが明確に定められている必要があることから設けられた規定だとされる。そして同時に，本規定は，ある団体が法人格を取得し私法上の権利主体として認められる可能性についてのみ制限しているのであり，団体の設立や活動を禁じるものではなく，結社の自由を過度に制約するものではないとされる。その結果，ある団体が，法律に定めのない新たな類型の団体を創設したり，内容を設定したり，組織を設計することは自由だが，法人として認められるためには，法律が定める要件を充たすことが必要である。

(2)　法人設立のための立法手続
　法人設立に対し国家がどれだけ関与するかについては，その立法主義によって異なり，大きく分けて以下の6つの主義が存在する。
　①**準則主義**とは，団体が法律の定める一定の要件を備え，設立の登記がなされたときに法人が成立するというものである。
　②**認可主義**とは，行政庁が与える認可により法人の設立を認める方法である。行政庁に自由裁量はなく，当該団体が法律の要件を具備していれば，行政庁は必ず認可を与えなければならない。
　③**認証主義**とは，行政庁の認証によって法人が設立されるものである。行政庁は，申請者から提出された書面に基づいて，ある団体が法律の定める要件を備えているか確認し，要件具備の事実が認められた場合には裁量の余地なく認証を与えなければならないとされる。認証はあくまで確認行為である。
　④**許可主義**とは，主務官庁が許可を与えることにより，法人の設立が認めら

表2-1 法人設立に関する立法主義

名称	具体例
準則主義	一般社団法人・一般財団法人
認可主義	共同組合，社会福祉法人，医療法人，学校法人
認証主義	NPO法人
許可主義	2006（平成18）年改正前民法における社団法人・財団法人
特許主義	日本銀行，日本放送協会，日本年金機構
自由設立主義	日本では採用なし

れるものである。ここで必要とされる主務官庁による許可は，法律上の基準がなく，主務官庁の自由裁量によるとされる。

⑤特許主義とは，特定の法人を設立するために特別の法律を制定して設立を認める方法である。

⑥自由設立主義とは，団体を設立する意思が明示されたときに団体が成立するとともに，法人格も取得するものであり，登記など一切の手続を必要としないものである。

Column　法人設立主義の変更

2006（平18）年改正前民法は，許可主義による公益法人の設立のみ規定していた。しかしこれに対しては，①非営利・非公益の団体が法人格を取得する手段がない，②「公益」の判断基準が不明確なまま所管官庁の許可を必要としている等，多くの批判が存在した。また，公益法人制度の運用上，①休眠法人が多く，税制上の優遇措置を目的として悪用される恐れがある，②公益とはいえない営利活動を行う公益法人がある，③行政委託型法人は官僚の天下り先となる，等の問題も指摘されていた。

そこで2006（平成18）年改正時に現在の一般法人法を中心とした法人法制が整備され，原則として準則主義によって非営利・非公益の法人＝一般法人を設立するものとし，別途，公益認定を受ける形となった。これは，法人法制の大きな転換点であったといえる。

---

(3) 一般社団法人の法人格取得の方法

団体が一般社団法人として法人格を取得するためには，準則主義に従い，①定款を作成して（一般法人10条)，②設立登記をしなければならない（36条，一般

法人22条)。

　①定款の作成　　定款とは，法人の根本規則を記載した書面である。定款を作成するためには，一般法人法10条１項より，その社員になろうとする者（設立時社員）２人以上が共同して作成し，その全員がこれに署名または記名押印しなければならない。定款の作成は合同行為（第４章参照）にあたる。また，定款は，公証人の認証を受けなければ効力を生じない（一般法人13条）。なお，定款は電磁的記録で作成することも認められている（同法10条２項）。

　定款記載事項には大きく分けて４種ある。その中でも必ず記載が必要だとされる必要的記載事項として，法人の目的，名称，主たる事務所の所在地，設立時社員の氏名又は名称及び住所，社員の資格の得喪に関する規定，公告方法，事業年度が挙げられる（同法11条１項）。これを１つでも記載していない定款は，効力を生じない。

　次に，相対的記載事項とは，記載しなくてもよいが定款に記載しなければ効力が生じない事項であり，理事会や監事を設置する旨の定め（同法60条２項）などが含まれる。また，任意的記載事項（同法12条）は，その他の事項で一般法人法の規定に反しないものであり，理事の数，理事の任期などが含まれる。これら２つの事項を定款に記載する必要はないが，記載しているものを変更する場合には定款変更の手続が必要となる。なお，無益的記載事項は，定款に記載しても効力が生じないものであって，一般法人法11条２項に規定されている社員への利得の分配に関する規定がこれにあたる。このように，記載事項には様々な種類があるが，少なくとも必要的記載事項を記載した定款を作成する必要がある。

　②設立登記　　そのうえで，一般社団法人は，主たる事務所の所在地において設立の登記をすることによって成立する（36条，一般法人22条）。これは，法人の存在，組織，財産状態などを公簿に記載し，法人と取引しようとする者が容易にその情報を知ることができるようにすることで，不測の損害を与えないよう配慮したものであり，外国法人も登記が必要とされる（37条）。登記すべき内容は，一般法人法301条に詳細な規定がおかれている。2006（平成18）年改正前民法34条における公益法人の設立は許可主義に則ったものであったため，法人の設立登記は対抗要件とされていたが，現行法において設立登記は法人の

図 2-1　定款のひな形

一般社団法人〇〇〇〇定款
第1章　総則
第1条（名称）　当法人は，一般社団法人〇〇〇〇と称する。
第2条（主たる事務所）　当法人は，主たる事務所を東京都〇〇区に置く。
第3条（目的）　当法人は，〇〇することを目的とし，その目的に資するため，次の事業を行う。
　(1)〇〇〇
　(2)〇〇〇
　(3)前各号に附帯又は関連する事業
第4条（公示の方法）　当法人の公告は，当法人の主たる事務所の公衆の見やすい場所に掲示する方法により行う。

第2章　社員
第5条（入社）　当法人の目的に賛同し，入社した者を社員とする。
　2　社員となるには，当法人所定の様式による申込みをし，代表理事の承認を得るものとする。
⋮

第3章　社員総会
⋮
第4章　役員
⋮
第5章　計算
第23条（事業年度）　当法人の事業年度は，毎年〇月〇日から翌年〇月〇日までの年1期とする。

第6章　附則
第26条　当法人の設立時理事，設立時代表理事及び設立時監事は，次のとおりとする。
　　設立理事　　〇〇〇　　　〇〇〇
　　設立時代表理事　　〇〇〇
　　設立時監事　　〇〇〇
第27条（設立時社員の氏名及び住所）　設立時社員の氏名及び住所は，次のとおりである。
　　住所
　　設立時社員　　　〇〇〇〇
　　住所
　　設立時社員　　　〇〇〇〇
第28条（法令の準拠）　本定款に定めのない事項は，すべて一般法人法その他の法令に従う。

以上，一般社団法人〇〇〇〇設立のためこの定款を作成し，設立時社員が次に記名押印する。
　令和〇〇年〇月〇日

　　設立時社員　　　〇〇〇　　印
　　設立時社員　　　〇〇〇　　印

出典：日本公証人連合会HP「定款等記載例」より一部省略して掲載（https://www.koshonin.gr.jp/format，閲覧日：2024年10月13日）。

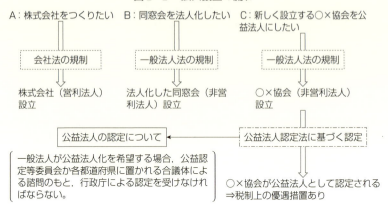

成立要件であるとされる。

(4) その他の法人の設立

上記(3)に対し，その他の法人はどのように設立されるのか。

一般財団法人は，①定款の作成（一般法人152〜156条），②財産の拠出（同法157・158条），③設立の登記（同法163条）によって設立される。一般財産法人の設立において，一般社団法人の場合と大きく異なる点は，設立者1名でも設立できること，及び構成員たる社員が存在しないため社員の資格の得喪に関する定めが不要なことである。ただし，財団法人は財産の集合体であることから，設立者による財産の拠出が必要となる。また一般財団法人は，一般社団法人と異なり，例えば自分が死んだら遺産で保護猫活動を行う団体を作ってほしいといった遺言を設立者が残すことで，法人設立の意思表示がなされることも認められる。この場合，遺言執行者が遺言の効力が生じた後遅滞なく，定款の作成などを行わなければならない（同法152条2項）。

ところで，公益法人はどのように設立されるのか。社団法人であるか財団法人であるかを問わず，法人の目的が公益に資するものであるならば，公益法人を設立することができる。ただし，公益法人化を目指す団体は，一般法人法に基づき法人格を取得した後に，公益法人法（公益社団法人及び公益財団法人の認定等に関する法律）4条のとおり公益認定を受ける必要がある。公益性の認定は，当該法人の目的・事業，財務，機関，財産等について同法5条および6条所定

の基準に適合するか否かで判断される。そして基準に適合して公益認定を受けた場合には、当該法人は公益法人として税制上の優遇措置を受けることとなる。なお、公益法人として認定された場合、当該公益法人は事業の適正な運営を確保するために行政庁の監督を受けることとなり、例えば公益法人の欠格事由（公益法人6条）など同法29条所定の事由に該当した場合には、公益認定が取り消される場合がある。

　なお、営利法人については、商法・会社法の規定に従って設立されることから、ここでは省略する。

3　法人の機関

　上記2に従って法人が設立されたとしても、実際に法人が自ら行動し、意思決定することはできない。そこで、一般法人法は法人にいくつかの機関をおくことで、法人の活動を可能にしている。以下では、主として一般社団法人について解説する。

1　社員総会

　一般社団法人において、すべての社員で構成される**社員総会**は、最も重要な機関である。ただし、当該法人が通常の一般社団法人（理事会非設置の一般社団法人）か、**理事会設置一般社団法人**かでその権限は異なる。

　理事会非設置の一般社団法人において社員総会は、「この法律に規定する事項及び一般社団法人の組織、運営、管理その他一般社団法人に関する一切の事項」について決議することができる（一般法人35条1項）。その意味で、社員総会は最高意思決定機関だとされる。一方、理事会設置一般社団法人の社員総会は、一般法人法に規定する事項及び定款で定めた事項に限り、決議することができる（同条2項）。この場合、その他の事項は理事会で決定される。

2　理事・理事会

　理事は、一般社団法人を代表する者である（同法77条1項）。理事が2人以上いる場合でも、各自が一般社団法人を代表する（同条2項）。その中で**代表理事**

を定めた場合には，代表理事が後述する包括的代理権を有する（同条4項）。なお，法人と理事を含めた役員の関係は，委任関係にある（同法64条）。

理事の業務執行に関する権限については，理事会非設置の一般社団法人か理事会設置のそれかで異なる。前者の場合，理事は法人の業務執行機関として業務を行い，理事が複数いる場合には，その過半数で決定する（同法76条）。これに対し後者の場合，理事は3名以上でなければならず（同法65条3項），そのすべての理事で構成された理事会が法人の業務執行機関となる（同法90条2項）。理事会はすべての理事で組織され（同条1項），代表理事を置くことが必須である（同条3項）。この場合，理事会が選任した代表理事と，理事会の決議によって選定された理事が業務執行権限をもつ（同法91条1項）。

3　監　事

監事は，理事の職務執行を監査する（同法99条）。そのため，監事はいつでも，理事に対して事業の報告を求め，法人の業務及び財産状況の調査をすることができる。この点は，理事会設置か否かを問わない。ただし，理事会設置一般社団法人において，監事は必置機関であるのに対し（同法61条），理事会非設置の一般社団法人では任意機関である（同法60条）。

4　一般財団法人の機関

一般財団法人においては，評議員，評議員会，理事，理事会及び監事が必置機関とされる（同法170条1項）。一般社団法人と異なり，理事会は必置機関である。会計監査人は，財団の規模に応じて，任意機関（同法170条2項），または必置機関（大規模一般財団法人の場合。同法171条）とされる。

評議員は，評議員会の構成員として3名以上でなければならず（同法173条3項），理事・監事・会計監査人の選任及び解任の決議などを行う権限を有し，その資格について一般社団法人の理事と同様の制限を受ける（同法173条1項，同法65条）。評議員は，一般社団法人における社員に相当する地位にあるとされる。選任された評議員と法人は，委任関係にある（同法172条1項）。すべての評議員によって構成された評議員会は，一般法人法に規定する事項及び定款で定めた事項に限り，決議することができる（同法178条1項・2項）。

理事・理事会，代表理事の権限については，一般社団法人と同様である。

4　法人の能力

団体が法人格を認められると，法人として権利能力が認められる。その結果，法人は独立した権利主体として法律関係の当事者となり，法人と構成員個人の財産は分離される。また，同時に法人は，訴訟当事者としての地位（当事者能力）を取得する。

1　法人の権利能力

自然人の権利能力が制限されることはない。このことは，権利能力平等の原則から当然に導かれる。しかし法人は，法人格を有するとしても自然人とは異なり肉体や人格をもたないことから，法人の権利能力にはいくつかの制限が存在する。

(1) 性質による制限

まず法人は，その性質から権利能力の制限を受ける。具体的には，次の2つである。

第1に，性別・年齢・親族関係など，自然人が身分行為に関連して有する権利義務は，法人に帰属しない。すなわち，法人が家族生活を営むものではない以上，法人を当事者とする婚姻や養子縁組は効力を生じない。

第2に，人格権のうち生命・身体の自由を前提としたものは，法人に帰属しない。なぜならば，法人は現実の肉体をもたないからである。ただし，名称権・名誉権などの人格権は，法人にも認められる（最判昭39・1・28民集18・1・136）。このように，法人の性質自体による制限が挙げられる。

(2) 法令による制限

次に，法令による制限がある。具体的には，法人は，他の法人の役員になることを禁止されており（一般法人65条1項1号など），株式会社の取締役になることもできない（会社331条1項1号）。また，清算法人や破産法人は，清算または破産の目的の範囲内においてのみ存続するものとみなされる（一般法人207条，破35条）。

(3) 定款記載の目的の範囲による制限

　法人は，定款に当該団体の事業目的を記載することが求められるところ，法令の規定に従い，定款その他の基本約款で定められた目的の範囲内において，権利を有し，義務を負う（34条）。この趣旨は，目的の範囲外行為によって法人の財産が流出することを防ぐことにある。しかし，本条は具体的に何を制限したものかについて，学説が対立している。

　①権利能力制限説　　権利能力制限説とは，本条の文言より，34条は法人の権利能力を制限したものだと解釈する説である。この説によれば，法人の代表者が法人のために定款記載の目的の範囲外行為を行ったとしても，法人がそもそも目的の範囲外の行為について一切の権利と義務を取得できない（そもそも範囲外行為について権利能力をもたない）以上，代表者の行為はすべて無効となる。判例と伝統的通説は，この説を支持している。

　しかし，権利能力制限説に対しては，いくつかの批判がある。第1に，目的の範囲外行為が法人にとってプラスになる行為であったとしても，法人はその利益を享受することができないため，法人の活動を過度に制約するというものである。第2に，目的の範囲外行為であると知らずに法人と取引した相手方に，不測の損害を与える危険性があるとされる。第3に，目的の範囲外行為であることを理由として，法人側が不当に義務の履行を拒むことを認めることとなるとの指摘がある。第4に，法人代表者が業務執行の過程で他者に損害を与えた場合（後述），法人が不法行為責任を負うこととの整合性がつかないといったものがある。

　②代表権制限説　　そこで現在の有力説である代表権制限説は，法人の行為は理事を通してなされることから，34条は代表者の代表権を定款記載の目的の範囲に制限したものだと考える。これによれば，定款記載の目的の範囲を問わず法人は権利能力を有するものの，法人の代表者が定款記載の目的の範囲外の行為を行った場合，代表者の当該行為の効果は法人に帰属せず，無権代理行為（当該行為について正当な代理権をもたない者がなした行為。詳細は第**6**章参照）がなされたと考える。そのため，当該行為については，無権代理ないし110条権限外の表見代理の規定に従って取り扱うこととなる。

　ただし，目的の範囲外行為について法人が追認する（113条）ことは考えにく

く，また，法人の目的が誰でも閲覧できる定款に記載されている以上，取引の相手方の善意無過失はほぼ認められないと考えられる。そのため，代表権制限説を採用しても，当該行為の効力が法人に帰属しないとの帰結が導かれる場合が多いと思われる。

(4) 判例における34条の適用

判例は，現在も権利能力制限説を採用しているが，34条適用場面において，従来から事例に応じた判断をしている。具体的には，判例（最判昭27・2・15民集6・2・77）は，抽象論として次の2つの基準を示している。まず，①定款に記載された目的自体に包含されない行為であっても目的遂行に必要な行為は，目的の範囲に属するものと解する。そして，②目的遂行に必要か否かは，問題となっている行為が定款記載の目的に現実に必要であるかどうかではなく，定款の記載自体から観察して，客観的に抽象的に必要であり得べきかどうかの基準に従って決すべきである，とする。そのうえで，判例は営利法人と非営利法人で取り扱いを異にしている。

営利法人について判例は，目的の範囲を広く解し，事実上制限はないに等しい運用を行っている。例えば，食肉並びに加工品の販売等を目的とする会社Aが取引相手Bを支援するため，Bの債務のためにA所有建物に抵当権を設定する行為（最判昭33・3・28民集12・4・648），鉄道会社が会社の金融をはかるため石炭の採掘事業を行うこと（大判昭6・12・17新聞3364・17）など，いずれも定款記載の目的に直結するものではないが，その遂行に必要な行為であるとして，目的の範囲内行為として法人が責任を負うことを認めている。さらには，製鉄会社が特定政党に政治献金すること（最大判昭45・6・24民集24・6・625八幡製鉄政治献金事件）も，目的の範囲内行為だとする。特に八幡製鉄政治献金事件において最高裁は，会社は自然人とひとしく社会的実在なのであるから，その社会的作用を負担せざるを得ないのであって，ある行為が一見定款所定の目的とかかわりがないものであるとしても，会社に社会通念上期待ないし要請されるものであるかぎり，これに応えることは会社の当然になしうるところであると判示している。

これに対し，非営利法人について判例は，上記基準を厳しく運用しているといえる。例えば，協同組合による組合員以外の者に対する貸付（員外貸付）は

組合設立の基礎となる特別法において禁止されていることから，原則として目的の範囲外行為として法人は責任を負わない。この点につき最高裁は，農協の代表理事が自ら取締役となっている会社のために違法と知りながら行った員外貸付（最判昭41・4・26民集20・4・849）を目的の範囲外行為として無効とした一方で，農業協同組合が集荷されたリンゴの販売委託を受ける目的で組合員ではないリンゴ集荷業者に資金を貸し付けた事案（最判昭33・9・18民集12・13・2027）については，農協が経済的基礎を確立するために行った貸付であるとして，特段の事業の認められない限りは目的の範囲内に属すると判示している。これらは，非営利法人の財産が代表者の行為によってむやみに散逸することのないようにとの配慮によるものだと考えられる。また，営利法人とは異なり，税理士会による特定政党への政治献金は目的外行為であるとしている（最判平8・3・19民集50・3・615南九州税理士会政治献金事件）。前述の八幡製鉄政治献金事件と判断が分かれた理由として，最高裁は，税理士会は公的な性質を有する強制加入団体であって，会社とは法的性質の異なる法人であることを挙げている。

このように判例は，法人の行為が定款記載の目的の範囲内か否か，すなわち当該行為について法人が権利を有し義務を負うことができるかどうかにつき，営利法人と非営利法人で同一の基準を採用しつつも，その運用において取り扱いを異にしている。

> **Column　法人による寄付行為**
>
> 　当該行為が法人の目的の範囲内行為か否かという論点において，法人による寄付行為が問題となる場面が非常に多い。営利法人による寄付行為について，判例は八幡製鉄政治献金事件に見られるように目的の範囲を広く解し，範囲内行為であると判示した。また，営利企業に近い性質を有する生命保険会社による政治献金も範囲内行為であるとしている（大阪高判平14・4・11判夕1120・115住友生命政治献金事件。本件について最決平15・2・27（判例集未登載）は上告不受理とし，控訴審の判断が確定している）。
> 　これに対し，非営利法人による寄付行為について判例は，南九州税理士会政治献金事件のように強制加入団体の構成員の思想・信条の自由との関係を考慮すべき政治献金については，目的の範囲外であると判断している。一方で，被災した兵庫県司法書

士会に復興支援金を寄付するために群馬県司法書士会でなされた特別負担金徴収決議の効力は会員に及ぶと判示し，同業種間における支援目的の寄付行為は目的の範囲内行為であると判断している（最判平14・4・25判時1785・31）。このように判例は，当該非営利法人の性質と寄付行為の対象や目的を踏まえ，事例に即した判断を柔軟に行っているといえる。

2　代表者による行為の効力

(1)　包括的代理権の原則

　53頁以下で述べたとおり，法人への権利帰属は代表者の行為によって生じる。では，法人の代表者は，どのような行為を行うことが認められているか。この点につき法人の代表者は，原則として法人の業務に関する一切の裁判上または裁判外の行為をする権限を有する（社団について一般法人77条4項，財団については同法197条による77条準用）。すなわち，代表者は**包括的代理権**を有していることが原則である。

(2)　代表者の代理権の制限

①定款等による内部的制限

【設例1】　法人Aの代表者Bの代理権について，法人Aの所有する土地の売買契約についてはBの権限のみで行うことができず，理事会での承認を得なければならないという制限が付されていた。この制限を知らずにBと取引をした相手方Cは，法人Aに対して土地の引渡しを請求することができるか。

　法人代表者が原則として有する包括代理権は，例外的に，法人内部で制限することが可能である。具体的には，代表者の権限について，定款や社員総会の決議で制限することができる。しかし，このような制限は定款の必要的記載事項ではなく，制限が存在していても定款に記載されず，法人登記による公示のない場合が一般的である。そこで，一般法人法77条5項は，一般社団法人の代表者の代表権に加えた制限は，善意の第三者に対抗することができない旨，定めている（財団にも同法197条により準用）。ここでいう「善意」とは，代表権に制限が付されていることを知らないことをいう。第三者は無過失であることを要しない。なぜならば，前述した包括代理権の原則と，内部的制限が通常公示されないことに加えて，一般社団法人と取引を行う相手方に対して代表権の制

59

限について確かめることを要求するのは取引の安全と迅速性を害することになり，適当ではないからだとされる。したがって，【設例1】で，法人Aは相手方Cに対してBの代理権の制限を対抗する（＝主張する）ことができず，Cは正当な権限を有するBとの間で有効な取引をしたことを理由として，Aに対して土地を引き渡すよう請求することができる。

> 【設例2】 設例1において，相手方Cは代表者Bの代理権の制限を知っていたが，理事会の承認が得られたと信じて取引を行っていた場合，CはAに対して土地の引渡しを請求できるか。

【設例2】の場合，相手方Cは代理権の制限を知っている「悪意」者であることから，一般法人法77条5項による保護を受けない。しかし，代理権の制限が解除されたと信じていたことに対して一定の保護を与えるべきであるとして，最高裁は110条の表見代理規定を類推適用することで，このような相手方を保護する余地を認めている（最判昭60・11・29民集39・7・1760。ただし結論は否定。表見代理について詳細は**第6章**参照）。

②競業・利益相反取引の禁止　代表者の行為が法人の利益と相反する場合，当該代表者の行為の有効性が問題となる。具体的に理事は，法人の事業と競合する取引（一般法人84条1項1号），法人との間の取引（同項2号），その他の利益相反取引（同項3号）を行うことが禁止されている。この場合，代表者は法人を代表する権限をもたず，法人の組織に応じて所定の機関の承認を受けなければならないとされる（例えば，理事会非設置一般社団法人では社員総会（一般法人84条1項），理事会設置一般社団法人では理事会（同法92条1項））。

3　法人の不法行為能力

> 【設例3】 法人Xの代表理事Aが，銀行Yから法人の代表者として借り入れを行ったが，実際には着服目的でなされたものであった。その後YがXに貸金返還請求を行ったが契約の有効性が否定され，Yに損害が生じた。この場合，YはXに対して不法行為責任を追及することができるか。

不法行為責任とは，ある人が故意または過失によって他人に損害を与えた場合，その損害について加害者が賠償責任を負う制度である（709条）。法人自身

が行為しない以上，通常，法人が不法行為を行うことはない。では，法人の活動に伴って誰かが他者に損害を与えた場合，法人は不法行為責任を負うか。

一般法人法78条は，代表理事その他の代表者がその職務を行うについて第三者に損害を加えた場合，法人が賠償する責任を負う旨規定する。本条の置かれた理由は，法人は代表者を利用することで自己の活動領域の拡大という利益を得る（報償責任）とともに，その拡大によって他人を害する危険をも拡大している（危険責任）ため，その責任を法人に負わせることが公平だからだとされる。なお，公害事件のように，法人の事業そのものによって生じた不法行為については，法人が直接に不法行為責任を負うとされ，本条の想定場面とは異にする。

問題は，誰の，どのような不法行為について，法人が責任を負うかということである。

(1) 「代表理事その他の代表者」による行為であること

一般法人法78条によれば，法人が不法行為責任を負うのは，代表理事その他の代表者がなした行為に限定される。具体的には，代表理事（同法78条），代表理事の職務代行者（同法80条），代表清算人（同法214条）であり，すべて代表権を有する機関である。これに対し，例えば代表理事から特定の取引に関する代理権を与えられた従業員がなした不法行為は715条使用者責任が問題となるのであって，一般法人法78条の対象ではない。

(2) 「職務を行うについて」第三者に与えた損害であること

代表者の不法行為に関して法人が責任を負う場合，あくまで当該不法行為が職務執行上なされたことが必要である。例えば代表者個人がプライベートで交通事故を起こした場合には，法人は責任を負わない。その場合はあくまで，代表者個人が不法行為責任を負うこととなる。

では，どのような場合に職務執行についての行為だと判断されるのか。判例は，加害行為がその外形からみて代表者の職務に属すると認められるかどうかで判断するとしている（虚偽の決議に基づいて町長が金融機関から受けた融資の返還義務が争われた大判昭15・2・27民集19・441や，町長が代表取締役を務める会社の約束手形に町長名義で裏書がなされていた最判昭50・7・14民集29・6・1012など）。これを**外形理論**という。すなわち，判例は，この要件について，行為者である代

表者の主観を問題にするのではなく，客観的に判断するとしている。ただし，代表者の行為が外形上職務執行に含まれるとしても，特に取引行為時の不法行為において相手方が，当該行為は代表者の職務行為に含まれないことを知っていた（悪意），または知らないことについて重過失がある場合には，法人は責任を負わない（前掲最判昭50・7・14）。

以上より，【設例3】におけるAの行為は外形上代表者としての行為だといえるため，YはXに対して不法行為責任を請求することができる。

5　法人の消滅

法人が法人たることを終了することを，法人の消滅という。自然人の死亡に相当する。自然人が死亡によって一律に権利能力を失うのに対し，法人は解散・清算といった手続を経て，徐々に消滅に至る。

一般社団法人は，一般法人法148条所定の事由により解散する。解散事由として，①定款で定めた存続期間の満了，②定款で定めた解散事由の発生，③社員総会の決議，④社員が欠けたこと，⑤合併（合併により一般社団法人が消滅する場合に限る），⑥破産手続開始の決定，⑦解散を命じる裁判の7種が挙げられる（一般財団法人については，同法202条参照）。これにより，法人は清算手続に入る。清算手続に入った法人（清算法人）は，清算の目的の範囲内において，清算が結了するまでなお存続するとみなされる（同法207条）。

清算手続は，一般社団法人・一般財団法人ともに同法206条以下の規定に従い，清算法人の清算人によって進められる（四宮能見・総則・156）。この場合，原則として清算法人の理事が清算人となる（同法209条1項1号）。清算人の職務は，①現務の結了，②債権の取立て及び債務の弁済，③残余財産の引渡しだとされる（同法212条）。特に③について，非営利法人の場合は社団・財団を問わず，社員や設立者に残余財産を引き渡すことは「非営利」という法人の性質に反するため，認められない。公益法人の清算時の残余財産は，類似の事業を目的とする他の公益法人に帰属させる必要があり，この点が定款に定められていなければならない（公益法人5条18号）。それ以外の法人であれば，自由に帰属先を定めることができる。

これらの清算手続を結了した場合に，法人は消滅する。

6　法人格と実態の不一致

　本来，要件を備えて適正な手続を経た団体が法人格を取得し，法人として活動することが予定されているところ，法人格の有無と実態が不一致な場合が存在する。すなわち，法人格はあるが団体としての実態のない場合と，逆に法人格はないが団体としての実態のある場合である。前者は法人格否認の法理が問題となり，後者は権利能力なき社団の問題だとされる。

1　法人格否認の法理

【設例4】　Aのみが社員であるB法人が，事業のための融資としてC銀行から300万円を借り入れたのち，倒産した。しかし実際は，そもそもB法人の運営実態がなく，融資金はA個人の遊興費として消費されていた場合，C銀行はAに対して融資金300万円の返済を請求することができるか。

　法人格否認の法理とは，法人と取引をする相手方が，当該法人の法人格を否定して実質的な責任者個人の責任を追及しうる法理であり，その根拠は1条2項信義則及び1条3項権利濫用の禁止にある。
　ある団体が法人格を取得している場合，解散・清算手続なしに法人としての存在を否定することはできない。しかし，【設例4】のように実態は構成員個人の事業となっている会社において，会社名義で借金をしておきながら，構成員個人のために資金を私的利用しており，最終的に会社を倒産させて債務の弁済を免れるといったような法人格を悪用する個人については，相手方保護のため，法人と構成員を区別せず構成員個人に法的責任を負わせることが必要だと考えられる。そこで，法人格否認の法理が利用される。
　法人格が形骸化している場合，相手方は，その会社の法人格を否認してその背後にある個人の責任を追及することができる（最判昭44・2・27民集23・2・511）。法人の代表者が法人格を濫用して自己の責任を逃れようとする場合も同様である（最判昭48・10・26民集27・9・1240）。

2　権利能力なき社団

> 【設例5】　Xは，団体として活動しているが，法人格を取得していない。このような団体の財産は誰の所有物とされ，不動産の場合誰の名義で登記されるのか。

(1) 問題状況

　権利能力なき社団とは，社団としての実態を備えながらも法人格をもたない団体をいう。社会には，同窓会や趣味のサークル等このような団体が数多く存在している。この中には，以前は法人格を取得できなかった団体や，法人格を取得できるが取得していない団体が含まれる。特に前者は，構成員の相互扶助や親睦を目的としたものが多く，2006（平成18）年の民法改正及び法人法制の新設前までは非営利・非公益の法人が法人格を取得することは特別法のない限り認められなかったことに，起因する。

　この場合，当該団体は法人格を取得していない以上，構成員と別個独立の権利主体として認めることはできないのが原則である。しかし，団体としての社会的実態がある団体は，できる限り法人に近づけた法的扱いをする方が妥当である。そこで判例・学説は，一定の要件を充たした団体につき，法人格はなくとも法人と同様の法的取り扱いを行うこととしている。

(2) 権利能力なき社団の成立要件

　判例（最判昭39・10・15民集18・8・1671）によれば，権利能力なき社団であるためには，次の要件を充たしている必要がある。すなわち，①団体としての組織を備えていること，②多数決の原則が行われていること，③構成員の変更にもかかわらず団体が存続していること，④代表の方法，総会の運営，財産の管理その他団体としての主要な点が確定していることの4点である。

(3) 権利能力なき社団の財産関係

　上記(2)の要件を充たした場合，その団体の財産は，構成員に総有的に帰属するとされる（前掲最判昭39・10・15）。総有とは，共同所有の一形態であるが共有とは異なり，構成員は持分権をもたず，分割請求をすることが認められない特殊なものである。ただし不動産登記の名義は，構成員全員の名を登記できない結果，代表者名義で登記するよりほかないとされる（【設例5】に当てはめてみること）。また，法人格のない社団は訴訟当事者となることが認められている

(民訴29条)。そのときは，当該社団の代表者が訴訟を追行する（民訴37条）。

(4) 権利能力なき社団と組合の違い

権利能力なき社団と民法上の組合（667条）は，いずれも特定の目的のために複数人によって事業を営む団体という点で，社団法人と共通する。しかし，前者が上記(2)の要件を充たした場合に一般法人法における社団法人の規定によって運用されるのに対し，組合は民法667条以下の規定に従う点で異なる。

木を見る：復習問題

1. 法人とはどのような制度か。その必要性と併せて説明しなさい。
2. 法人の種類とそれぞれの設立方法について簡単に説明しなさい。
3. 法人設立の目的は法人の権利義務にどのような影響を与えるか，説明しなさい。
4. 代表者のなした法律行為が定款記載の目的の範囲内か否か，判例はどのような基準で判断しているか，営利法人と非営利法人それぞれについて説明しなさい。

📖 おすすめ文献

①山本敬三監修，香川崇・竹中悟人・山城一真著『民法Ⅰ　総則』（有斐閣，2021年）。
　　図と事例を多用し，初学者向けに構成された基本書。章ごとに学ぶポイントがまとめられており，法学部1年次生が1人で読み進めるのに適した難易度となっている。

②四宮和夫・能見善久『民法総則〔第9版〕』（弘文堂，2018年）。
　　詳細な記述で重要論点を深く解説している概説書。外国法との比較も行うなど充実した内容であることから，ある程度勉強を進めてから取り組むべきもの。一方で，随所に図表を掲載しており，視覚的に内容の整理がしやすい工夫がなされている。

第3章 権利の客体

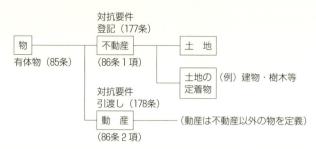

民法には権利の客体として,「物」について85条以下に規定を置いている。「物」は有体物であり（85条），固体だけでなく液体や気体も含まれます。「物」は不動産と動産，主物と従物，元物と果実など様々な角度から分類されます。本章では，私たちの生活において身近な「物」について学びます。

1 権利の客体の意義

　民法は市民生活を規律する法律であり，人々の生活関係全般の「権利」を基本概念とした体系的構造をとっている。「権利」とは社会において一定の「利益」を享受することが認められた社会的地位であり，その利益の対象となるのが「権利の客体」である。近代法の下では，人は生まれながらにして権利の主体であり，権利の客体になることはあってはならないと考えられていた。権利の客体とは，権利の主体が法令の制限内において自由に使用し，収益し，処分することができる対象であるため，人が全人格的に権利の客体となることは想定されておらず，個人の尊厳を至高の理念とする近代法の原理とは相容れない考えといえる。
　しかし，現代法に近づくにつれ，人は全人格的に他の排他的支配権の対象に

ならないというだけで，例えば，人格権においては，人格上の利益保護の観点から権利の客体として保護の対象になると考えられるようになってきた。近代法では考えられなかっただろうが，現代法においては，人体から切離された髪や輸血用の血液などは「物」として権利の客体となり，他人の所有権の対象になる。ただ，死体（遺骸）は特別な物と考えられており，その所有権は死者と精神的，肉体的，生活的に最も密接な関係のあるものに帰属すべきであろうが，判決は一応相続人が所有者にあたると解している（大判大10・7・25民録27・1408）。

2　物の定義と性質

1　物の定義

「物」とは有体物をいう（85条）。古来より有体物のみが人の支配に服するものと考えられてきたことを踏まえると，自然な定義といえる。なお，有体物とは空間の一部を占める形ある物質（固体・液体・気体など）を意味する。無体物（電気，熱，光をはじめとしたエネルギーなど）や無体財産権（特許・意匠・著作権など）は物には含まれない。しかし，電気の窃盗につき，窃盗罪を認めた判例（大判明36・5・21刑録9・874，現行刑法245条）があり，そこでは電気には「可動性」と「管理可能性」があることを理由に他人の財物を窃取する行為の対象として認められている。

2　権利の客体としての物の通有性

先の電気の窃盗からも考えさせられるように，権利の客体になりうるためには支配可能性，独立性，非人格性などの要件を備える必要がある。ここでは，あらためて権利の客体である「物」の通有性について以下確認する。

(1) **有体性**

有体物とは，固体のみでなくガスのような気体も含まれ，学説によってはエネルギー等も有体物に含むと解するものもあるが，有体物の通常の概念からあまりにも離れた概念規定は望ましくない。近代法からの流れを汲み取ると，そもそも物が有体物である必要性は，当該の物が全体として１つの所有権の客体

となり、排他的に処分可能かどうかを判断するためであると解される。

一方、エネルギーや無体財産権は、特別法などにおいて権利の客体と認められていること、上記観点からいけば排他的な処分可能性があれば客体として扱ってよく、そのさいは有体物と同一の客体性を求める必要はない。

刑法では、他人の財物を窃取した者は窃盗罪となり（刑235条）、電気は財物とみなされるため（刑245条）、他人が管理しているコンセントを無断で使用してスマホの充電を行うことは厳密には窃盗罪となる。著作権や特許権などの知的財産権については、特別法の保護があることなどからもわかるように、実際にエネルギーや無体財産権は、民法における「物」とは異なる法的取り扱いを受けている点は考慮しなければならないだろう。

(2) 排他的支配可能性

有体物であっても、例えば、太陽や月といった天体は支配することができない。そのため、現実的に支配不可能なものは、私的所有権の客体としての「物」とはいえない。また、空気や海のように誰でも使用可能であり利用できるものも、排他性がないことを理由に「物」として取り扱うことはできない。ただし、容器に入れた海洋水のように排他的支配可能性を備えることで、それは「物」になりうる。

このように権利の客体として取り扱うには、排他性や支配可能性が問われることになるため、官公庁の合同庁舎等の建物は公共財産（国有財産法3条2項1号）として扱われ、売却や貸付などの目的とすることができず私権の対象にすることはできない（同18条1項）。同様に、道路、公園、海、河川なども一般公衆の共同使用に供される公共用物（国有財産法3条2項2号）であるため、私権の対象にならない。

(3) 独立性

有体物として権利の客体となるには、その物が他の物から区別され、独立性を備えていなければならないとされている。それは、所有権や有体物の排他性・支配可能性の観点からもいえることだが、権利の客体として1個の物であることが必要があると解されている。ただし、その1個の在り方は、厳密に物理的形状について問われるものではなく、社会的観念によって1個の物と判断されるものであればよいと考えられている（大連判大13・10・7民集3・476栗尾

山林事件)。

　また，有体物の独立性は次の観点も重要視している。

　①一物一権主義　　権利の客体は有体物であるということは，1つの権利の対象は，1つの物であり，一物一権主義となる。1つの物として独立性が要求されるため，独立した1つの物の一部を権利の客体とすることはできないと解される。

　②単一物／合成物　　多数の物が集まって形体上1個の物として構成されている物（単一物）やダイヤモンドの指輪など各構成部分に個性があって結合しているとみられる物（合成物）は，社会観念上，1個のものとみなされるならば，物としての独立性があると解される。

　③集合物　　多数の物が集まって物理的には結合していないが，経済的には単一の利用価値がある物（集合物）は，民法上では物とはいえない。ただし，企業の事業活動では，製造工場などでは土地と建物と機械器具等の事業資産が有機的に一体のものとして事業活動を行っている。民法の規定を解釈すると，工場内の製品全部という集合物への担保は認められているが，事業資産全体を一体のものとして担保権の対象とすることはできない。しかし，経済活動において複数の物を一括して処分することが必要な場合もある。そのため，特別法による財団抵当制度により，工場建物などの事業資産を抵当権の目的とすることができる。

Column　企業価値担保権——新しい担保概念

　2024年6月14日に「事業性融資の推進等に関する法律（事業性融資推進法）」が公布された。本法の特徴は，無形資産を含む事業全体を担保とする「企業価値担保権」という新たな担保概念を創設した点にある。企業価値担保権は従来の個別資産を対象とする担保権と一線を画し，のれんなどの無形資産を含めた企業の将来性を一括して担保設定することが可能となる。これまでの担保は「回収のための担保」という色合いが強かったが，企業価値担保権は企業（事業）を「生かすための担保」として機能していくことになるだろう。同法は，2026年春頃の施行を目指して環境整備が行われている。金融機関の注目度も高く，金融機関の融資実務に大きな影響を及ぼすことが予想される。

　金融機関におけるこれまでの担保取得を行う際の目的は，動産や不動産などの売却

> 代金から，不払いが生じた際に債権を回収する手段とされてきた。そのため，金融機関の融資実務においても，動産や不動産などの担保価値がポイントとされてきたが，企業価値担保権は将来キャッシュフローを含む企業全体の事業性を評価し，把握することがポイントとなるため，根本的に企業の事業内容を理解し，再生支援・私的整理などの事業者支援ができるスキームとなる。債務者と債権者が共通価値を創造することにつながる新しい担保なのだ。

(4) 非人格性

人が全人格的に権利の客体となることは，個人の尊厳を至高の理念とする近代法の原理とは相容れないことは先述したとおりである。しかし，一方で人体から切り離された髪の毛や爪，歯，血液などには人格がないため，権利の客体になりうると解されている。

3 物の分類

1 不動産と動産

民法では，85条において物は有体物である，と定義したうえで，その物は「動産」と「不動産」に区別している。この類の区別は古くから存在したといわれており，両者の性質，価値，利用方法などの相違に着目し，法律上異なった取り扱い（すなわちそれぞれが独立して権利の対象とされる）がなされてきた。例えば，公示方法または対抗要件として不動産の場合は登記とし，動産の場合は引渡しとしている（177条・178条）。また，動産取引においては，頻繁かつ迅速に取引が行われるため，即時取得を定めることで，公信の原則を認める（192条）が，不動産取引においては対抗要件が登記であるため，公示により権利を有するものが権利者となるので，公信の原則を認めないこととしている。

民法86条において，土地を中心とする不動産とそれ以外の動産を区分している。

(1) 1項 不動産

民法において，「不動産」とは土地及びその定着物をいう（86条1項）。では，土地及び定着物とは何か，詳しく見ていくこととする。

①土　地　土地とは，地表を中心として，人に支配及び利用の可能な範囲

内で，その上下に及ぶ立体的存在であるとされている。そのため，地上の空間，地中の土砂，地下水なども上下に及ぶ立体的存在であるとして，土地の一部をなす，と考えられている。

土地は，一般的に切れ目なく連続しており，一区画に性質上・物理的な区分をすることができないため，人為的・観念的に区分し，一筆ごとに地番を決め，個数を決め，識別の標準としている。故に，登記法上の単位として，土地は「筆」を用いて，一筆，二筆と数える。

なお，一筆の土地の一部ないし多数の筆にまたがって所有権が成立するか，については肯定されており，一筆の土地の一部について判例は，時効による所有権取得を認めている（大連判大13・10・7民集3・509孫左衛門塚事件）。

②土地の定着物　土地の定着物とは，判例上，継続的に土地に固着し，しかも固着して使用されることがその物の取引上の性質と認められるもの（最判昭37・3・29民集16・3・643）とされている。そのため一般には，建物，樹木，石垣，敷石（取り外せないもの），井戸，溝，人工池などは定着物に属するが，仮小屋や建設用足場など，移動が容易な物については定着物としてみなされていない。

このように土地に定着している物（＝動産）を定着物といい，土地に定着しているがゆえに不動産とされることから，「動産の不動産化」と称される。ただし，定着物はその移動の容易さや定着具合によって判断が分かれるケースがあり，例えば，大規模な基礎工事などのために利用される機械は定着物とみなす（大判明35・1・2民録8・77頁）が，コンクリートの土台にボルト・釘などで固定された程度では定着物とされないこともある（大判昭4・10・9新聞3081・15）。

③建物　建物は，民法上は，土地とは独立した別個の不動産として扱われている（370条）。土地の定着物は，土地とは別個独立して取引の対象となるもの（独立的定着物）と土地に従属してその構成部分をなしていると解されるもの（従属的定着物）に大別される。建物は，代表的な独立的定着物の1つであり，現に土地とは別の不動産として取り扱われている。例えば，建物は土地とは別の公示方法として登記制度が定められている（不登法14条）。また，判例上では，屋根を塞いだだけでは建物とはいえないが，屋根や周壁があり，雨露

がしのげる程度に至れば，天井や床がなくても独立の建物であると見てよいと解されており，不動産登記法上も登記可能としている（大判昭10・10・1民集14・1671）。

なお，諸外国では土地と建物は一体化して考え，建物に個別の所有権を認めない国も多いため，切り分けて取り扱うのは日本独自のものといえる。

④立　木　民法上の不動産の取り扱いのうち，取引慣行上，特殊な取り扱いを認めなければならないものが立木である。土地に生育する立木は，土地の一部に属することから「土地の定着物」であり，また，土地に従属していることから従属的定着物（土地の構成部分）に見える。

しかしながら，日本においては古来より建築材としての杉など，土地に生育するものでありながら，定着物ではなく，立木そのものとして取引されていたことから，立木法（立木ニ関スル法律）に基づいて登記された一定の樹木は土地とは独立した不動産としてみなされることになった。ただし，立木法は適用範囲が狭く，登記まで煩雑な手順を介することからほとんど使われることはなかった。

立木法が適用されない樹木においても，土地上に存在する取引価値のある樹木で，立看板や樹木の皮を剝いで墨書するなどして所有権を明らかにした物は，土地に生育していたとしても，土地とは切り離して独立したものとして取引の対象になるものとし，**明認方法**と呼ばれる。

(2)　2項　動産

民法において，「動産」とは不動産以外の物としている（86条2項）。動産を積極的に定義づけたわけでなく，むしろ消極的に定義づけたものに見える。

また，船舶・航空機・自動車などは動産ではあるが，登記や登録による公示制度があるため，実際の取引上では，公示により権利を有する不動産とほとんど同じく扱われている。くわえて，紙幣・硬貨は，定義上は動産ではあるが，他の動産と異なり，価値の尺度として機能する性質をもち，個性をもたない特殊な価値基準も備えているため，所有と占有が常に一致することから即時取得（192条）などの動産に関する規定は適用されないものとして取り扱われている。

かつては商品券や乗車券のように債権が紙片などに化体された無記名債権は

動産とみなされていた（旧86条3項）が，平成29年民法改正により記名式所持人払証券の規定（520条の20）が無記名証券について準用されることとなったため，旧86条3項は削除され債権として扱われている。ここからもわかるように，動産の定義は広いように見えるが，当該物の性質や取引慣習等の影響により，実質的には不動産と同等に取り扱われるものや別の取り扱いが適用されるケースもあるため留意が必要である。

2　主物と従物

(1)　1項　主物と従物の意義

物のなかには，独立した2つの物の間に経済的・用益的に効用を補い合うことや，ある物が別の物に従属して同一の取り扱いを受ける物がある。例えば，家屋と建具（襖や畳など）や工場と機械の関係がそれにあたる。民法では，ある物を常用に供するために他の物を附属させたとき，それを「従物」とすることとしている（87条1項）。そして，その従物は「主物」の処分に従うとしている（87条2項）。

「従物」とは，法律的には独立性を失わないが，経済的・客観的には他の物（主物）に附属（従属）し，主物の経済的効用を高めるものと解されている。そのため，それが従物たるか否かは主物との関係性を確認しなければならない。

(2)　2項　主物・従物の要件と効果

主物と従物は文字どおり主従の位置関係にあり，従物が従物たるためには①従物が継続的に主物の常用に供せられていること，②両者が同一の所有者に属すること，③両者が独立性を維持していること，の3要件を充足する必要があるとされている。ただし，主物・従物ともに動産・不動産は問われない。

これらの条件に合致する従物は，法律的運命が主物に従うかたちになるため，主物が譲渡されると，明示された特約等がない限り，従物も合わせて移転されることになる。また，対抗要件も主物に設定されるのであれば，従物にまでは求められない（備える必要がない）。

そのため，建物に抵当権が設定された場合，設定当時から建物の常用のために附属している債務者所有の動産（従物）にも抵当権の効力は及ぶものとされている（大判大8・3・15民録25・473）。ただ，抵当権設定後に付加された従物

にまで抵当権の効力が及ぶか，については議論の余地があるとされている。そもそも，抵当権の設定を「処分行為」とみなし，その効力が抵当不動産に付加した従物にまで及ぶとの解釈は，抵当権の効力範囲の拡大理論ともいわれているからである。なお，これについて判例は否定的だが，学説では対立する立場をとるものもある。

3　元物と果実

ある物から生じる収益上の経済的利益を「果実」といい，果実が生み出す元になるものを「元物」という。果実には天然果実と法定果実とがある。

(1)　1項　天然果実

天然果実とは，物の用法に従って収取する産出物のことをいう（88条1項）。例えば，果物（りんごやみかんなど）や動物の仔，羊の毛，畑の野菜，牛乳，鶏卵，鉱山の鉱物などが挙げられる。

天然果実は原則として，その元物から分離していない間は元物所有権者の所有であるが，その元物より分離したときの収取権利者に帰属する（89条1項）。それは，分離したときに，元物から独立した物（動産）となるからと考えられている。なお，収取権利者に関しては，物権法の規定や契約によって決定することになっている。

(2)　2項　法定果実

法定果実とは，元物の「使用の対価として」受けるべき金銭その他の物をいう（88条2項）。例えば，金銭，土地・建物などの賃借使用の対価である利息・地代・家賃などが挙げられる。

法定果実は，これを収取する権利の存続期間に応じて，日割計算により取得する（89条2項）。これは，権利の帰属を定めたものではなく，帰属権利者間の内部関係を定めたものと解されている（通説）。

木を見る：復習問題

1．物の分類について説明しなさい。
2．不動産における土地の定着物について具体例を示して説明しなさい。

第 3 章　権利の客体

3．動産における主物と従物について，要件と効果を交えて説明しなさい。

📖 おすすめ文献

①大村敦志『新基本民法 1　総則編——基本原則と基本概念の法〔第 2 版〕』（有斐閣，2019年）。

　　条文ごとにわかりやすく図も取り入れながら解説している。セッションごとにキーワードを適度に図も取り入れられ，抽象的な概念について，具体的にイメージできるような工夫がなされている。

②山野目章夫『民法概論 I　民法総則〔第 2 版〕』（有斐閣，2022年）。

　　土地や建物あんど各項目の概念について細やかに説明がなされており，ポイントを体系的に理解することができる。

第4章 法律行為1──序説

> **森を見る：学習の視点**
>
> **法律行為の各論点**
>
>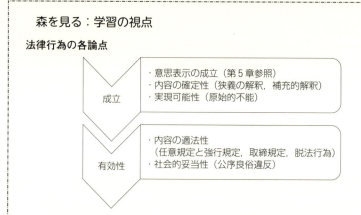
>
> この章では，法律行為（例えば契約）が有効に成立し，その効力が生じるためにどのような要件が必要となるのかについて，順番に説明していきます。契約をはじめとする法律行為は，①どのような場合に成立するのか，②成立したとしても，それが有効な法律行為といえるのか，場面ごとに論点があります。大きな枠組みを把握したうえで，各場面の論点を理解していきましょう。
>
> また，法律行為には必ず意思表示が含まれます。次章の意思表示とセットで理解を深めてください。

1 法律行為とは

1 法律行為の概念と私的自治の原則

法律行為とは，意思表示を不可欠の要素とする，私法上の法律要件である。我々は，通勤や通学のために公共交通機関を利用し，コンビニエンスストアやスーパーなどで買い物をし，またインターネットサービスを利用したりするが，これらはすべて法的関係であり，契約と呼ばれる法律行為に該当する。このように，日常生活の多くの場面において，契約をはじめとする法律行為を原

因として権利変動（法律効果）が生じており，自分が欲する法的関係を築いている。

　法律行為という概念は抽象的であるが，重要なのは，その構成要素に必ず意思表示が含まれるという点である。つまり，契約をはじめとする法律行為は，その法律行為に含まれる意思表示（第5章参照）の内容に従って，意欲された法律効果を発生させることになるのが原則である。したがって，法律行為という概念は，各人が自由に自らの法律関係を形成することができることを前提としているといえる。これは，**私的自治の原則**（序章参照）という民法の基本原理が，法律行為の概念の基礎にあることを意味する。私的自治の原則は，我々は自分の私的な法律関係は自分で決定すべきであり（**自己決定**），また，自己決定しうる意思があるからこそ決定することができ，自己の意思で決定するがゆえにその決定に拘束され義務付けられてよい（**自己責任**）とする原理を背景にしている。私法上の権利関係の形成は，主に契約によってなされるため，**契約自由の原則**によってその内容が実現される。言い換えれば，主に契約締結の場面で私的自治の原則が明確に現れるといえる。

　なお，意思表示が含まれていなければ法律行為とはいえないが，意思表示さえあれば法律効果が生じるというわけではない。例えば，遺言（960条以下）や保証契約（446条2項）は，意思表示の他に一定の方式を満たさなければその効力は生じない。

> ##### *Column* 法律行為に関係する少し難しい用語について
>
> 　法律行為は，私法上の権利を発生・変更・消滅させる原因の1つである。このような，権利変動の原因となる法律上の要件のことを「**法律要件**」といい，法律要件を原因として生じる権利変動のことを「**法律効果**」という。言い換えると，一定の法律要件があれば，一定の権利変動が生じるわけである。そして，契約などの法律行為は，法律効果を生じさせる法律要件の1つである。
> 　なお，法律行為以外の法律要件として，交通事故などの不法行為（709条）がある。不法行為によって，被害者と加害者との間で損害賠償の債権と債務が生じうるが，法律行為とは異なり，不法行為は意思表示をその要素としていない。

　また，加工（246条）のように，意思表示を含まずに法律効果が発生する行為

を事実行為といい，法律行為と区別する。

2　準法律行為

　法律行為は，その不可欠の要素である意思表示に従った法律効果を生じさせる点に特色があるのに対し，①意思表示を含むにもかかわらず，意思に従った法律効果が生じないもの（**意思の通知**），また，②意思表示ではなく，ある事実を認識したことを表明するもの（**観念の通知**）がある。これらは，法律行為とは区別して，準法律行為と呼ばれる。
　①意思の通知の具体例として，債務者に対する催告がある。例えば，債権者Aが，債務者Bに対して代金等の支払を求める意思を表示した場合に，催告の効果として，Aの意思とは無関係に，時効の完成猶予（150条1項）や解除権（541条）の発生などが法定されている。
　また，②観念の通知の例として，債権譲渡の通知がある。例えば，債権者Aが，債務者Bに対して有する債権をCへ譲渡した場合に，その旨をBに通知することにより，CがBに対して債権者として履行を請求できるという法律効果が生じるが（467条1項），この通知はAが債権譲渡の事実の認識をBに表明しただけである。よって法律行為と区別して，観念の通知とよぶ。
　意思の通知や観念の通知は，当事者の意思や認識といった広い意味での精神的な作用が表明され，それによって一定の法律効果が生じる点で，法律行為に類似するといえる。そこで，これらを準法律行為として，法律行為に関する規定が類推適用されることがある。

2　法律行為の分類

1　意思表示の態様による分類

　法律行為は，その要素である意思表示の態様によって，①契約，②単独行為，③合同行為の3つに分類される。
　①**契約**は，**申込みと承諾**という，対立する2個以上の意思表示が合致して成立する法律行為である。また，②**単独行為**は，1個の意思表示で成立する法律行為であり，相手方のあるもの（特定人に向かってなされることを要件とするもの）

図4-1 意思表示の態様による法律行為の分類

取消しや解除など）と，相手方のないもの（遺言や所有権の放棄など）に分かれる。さらに，③**合同行為**は，方向を同じくする2個以上の意思表示が合致して成立する法律行為であり，一般社団法人の設立がその例である。なお，合同行為は，複数の意思表示のうちの一部が取り消されても他に影響せずその有効性を維持することが可能であるが，契約は，申込みまたは承諾いずれかの意思表示が取り消されれば契約そのものが無効となる，という点が異なる。

2 意思表示の方式による分類

法律行為は，成立に際し方式を必要とするか否かという観点から，①要式行為，②不要式行為に分類される。①要式行為とは，その成立のために，一定の方式が必要とされる法律行為であり，保証契約（446条2項），遺言（960条以下）や婚姻（739条）などがある。当事者に慎重を期させるため，また権利義務関係を明瞭にするために，意思表示だけではなく書面も必要であるなど，一定の方式を求める。また，②不要式行為とは，その成立に何も方式が必要ない法律行為である。特に定めがないかぎり，法律行為は不要式行為が原則である。

> *Column* **ほかにもある，法律行為の分類**
>
> 上述の分類の他にも，法律行為は，それによって変動する関係が財産関係か身分関係かにより，財産行為・身分行為に区別される。
> また，財産にかかわる法律行為は，発生する効果の違いに基づいて，債権行為と処分行為に区別される。債権行為とは，売買のように債権債務の発生を目的とする行為，処分行為とは，債務免除のように財産権の処分を目的とする行為である。もっとも，売買契約は，売主から買主への所有権移転という財産権の処分も含まれており，このような区分の実益について疑問が指摘されている。

3　法律行為の成立と有効性

　法律行為は必ず意思表示を含むため，その意思表示が有効になされることによって法律行為も成立することになる。したがって，例えばAB間で「契約」という法律行為が成立するためには，Aの「申込み」とBの「承諾」というそれぞれの意思表示が有効になされ，その内容が合致する必要がある。
　法律行為成立の前提となる意思表示の有効性を検討するに際し，成立時期（到達主義，97条）や，複数の意思表示が合致しているといえるかという論点があるが，意思表示に関わる内容はそちらへ譲り（第5章参照），以下では，法律行為の内容の確定と，その内容が法的に効果を生じさせるべきではない場合（強行規定違反，公序良俗違反）について見ていく。

1　確定性

> 【設例1】　Aは，Bと鉛筆10ダースの売買契約を締結した。以下の場合，鉛筆の売買契約は成立するか，またするならばどのような内容で成立するか。
> ① Aは，1ダースは10本と思い，100本購入するつもりで「10ダース」とBに注文し，AB間で鉛筆10ダースの売買契約を締結した。しかし，Bは1ダース12本と考え，120本の売買契約が成立したと思っていた。
> ② ABとも，1ダースは10本と思っており，表示は10ダースの鉛筆の売買となっていたが，お互いに鉛筆100本の売買をするつもりであった。

(1) 法律行為の解釈（狭義の解釈）

　法律行為が成立すると法律効果，すなわち権利変動が生じる。しかし，内容が不明確であると，どのような権利や義務が生じるのかがわからないため，法律行為を解釈することでその内容を確定させることになる。これが，法律行為の解釈（狭義の解釈）といわれる作業である。
　【設例1】では，AB間の意思の表示は10ダースの鉛筆の売買である旨一致しているが，ABそれぞれの主観的内容は異なっている。このような場合に，表意者の主観的意思に従うとする**意思主義**の立場と，表示に従うとする**表示主義の立場がある**（第5章参照）。契約において，意思主義を重視する立場を**主観**

説，表示主義を重視する立場を**客観説**というが，いずれかの立場で契約の解釈を貫徹することは難しい。例えば，【設例1】①のケースは，主観説によれば，AB間の意思は合致せず契約は不成立となるが，1ダースは客観的にみれば12本を意味するにもかかわらず不成立とすると，Bに不利益を与えることになる。他方【設例1】②のケースで客観説を貫くと，120本の鉛筆の売買が成立するが，100本を意図していたAB両当事者の意思に反する契約内容を押し付けることになってしまう。

したがって，主観主義と客観主義は場面に応じて使い分けられており，【設例1】①ではダースの意味に従い鉛筆120本の売買契約が，【設例1】②では，両当事者とも100本を意図している以上，鉛筆100本の売買契約が成立すると解されている。

なお，契約当事者の意思が形の上では一致しているが，その内容が一致していない場合を，意思の不合致（dissens）といい，契約は不成立となる（大判昭19・6・28民集23・387）。例えば，AB間で鉛筆10ダースの売買契約を締結したが，Aは1ダースを10本，Bは14本と考えているケースであり，また解釈によって合意の内容を決められない場合である。このように，意思の不合致は，契約を解釈しても合意が成立したとはいえない場面を指し，合意は成立しているが，成立した契約の表示に対応する内心的効果意思がない場合である錯誤と区別される（錯誤については，第**5**章参照）。

(2) 補充的解釈（92条）

> 【設例2】　Aは，友人のBとの間で，A所有の絵画を10万円で売却する旨の売買契約を締結し，翌月1日にBがA宅を訪れ，絵画を受け取る旨合意した。しかし，代金の支払期限については特に決めてはいなかった。Bは，いつ10万円を支払えばよいのだろうか。

【設例2】では，AB間で，10万円で絵画を売買するという申込みと承諾の意思が合致しており，売買契約は成立している。しかし，代金の支払時期についての定めがない。このような場合には，解釈によって法律行為を補充する。

法律行為を補充する場合，91条を根拠に，まず任意規定（後述3参照）を用いる。なぜなら，91条は法律行為の当事者が，法令中の公の秩序に関しない規定と異なる意思表示をした場合には，当事者の意思が優先する旨を定めてお

り，これはつまり，公の秩序に関しない内容について当事者の意思がなければ，任意規定が適用されることを前提としているといえるからである。

任意規定による補充の例として，売買代金の支払期限（573条）や，支払場所（574条）がある。よって，【設例2】では，BがA宅へ絵画を受け取りに行った際に，そこで10万円を支払うことになる。

もっとも，任意規定と異なる慣習があり，当事者が慣習による意思を有していると認められる場合には慣習が優先する（92条）。大審院は，商品の引渡しを「塩釜レール入」と定めた際は，塩釜駅に商品が到着した後に代金を請求するという商慣習がある場合に，当事者がその慣習を知りながら特に反対の意思を表示しないときは慣習に従う意思を有していると推定するとして，売買代金の支払いがないので商品を発送しなかった旨の売主の主張を退けた（大判大10・6・2民録27・1038「塩釜レール入」事件）。

> **Column　慣習と任意規定の適用順序**
>
> 　法の適用に関する通則法3条は「公の秩序又は善良の風俗に反しない慣習は，法令の規定により認められたもの又は法令に規定されていない事項に関するものに限り，法律と同一の効力を有する」と定めており，慣習より任意規定が優先されるように読める。他方，92条は任意規定により慣習を優先させる旨定めており，両者の関係が問題となる。
>
> 　伝統的な学説は，法適法3条の「慣習」は慣習法，92条の「慣習」は事実としての慣習と解釈し，両者を区別していたが，現在は，92条は法適法3条の特則であると解し，一般的には任意規定が慣習よりも優先するが，法律行為の解釈においては慣習の方が任意規定の適用よりも優先する，と解する見解が有力である。

2　実現可能性

債権の成立時に，その内容が実現不可能であることが客観的に明らかな場合を，**原始的不能**という。例えば，A所有の別荘をBが購入する契約を締結したが，実は契約時すでに別荘は山火事で焼失していた，というような場合である。かつては，このような契約は実現不可能である以上無効であると解されていた。しかし，無効とすると，原始的不能の原因を作った契約当事者に対して

債務不履行に基づく損害賠償請求（いわゆる履行利益）ができないため，現在は，原始的不能の場合でも，損害賠償請求が認められる旨規定されている（412条の2第2項）。なお，契約以外の法律行為が原始的不能である場合も有効と解するのか条文上明らかでなく，見解が分かれている。

3 内容の適法性
(1) 任意規定と強行規定

> 【設例3】 大学生のBは，大家Aとの間で，毎月月末に翌月の家賃を前払いする内容でアパートの賃貸借契約を締結した。
> ① その後Bは，614条で家屋の賃料は当月分を月末に支払う旨定められていることを知った。家賃の前払条項は，614条に反し無効となるのだろうか。
> ② AB間の賃貸借契約の条項には，賃貸人が解約の申し入れをした場合，賃借人は申し入れから1か月以内に建物を退去する旨の定めがあった。Bは，一人暮らしだし構わないと納得しているが，このような条項は有効だろうか。

当事者が法律の規定と異なる合意をした場合に，規定が優先し合意は無効となる場合と，合意が優先し規定が排除される場合がある。前者のように，当事者の意思によって排除できない規定を**強行規定**（強行法規），また，当事者の意思によって排除できる規定を**任意規定**（任意法規）という。

任意規定は，公の秩序に関しない規定であり，当事者が規定に反する内容で合意をした場合に，合意内容が優先する（91条）。また，合意がなされていなかった内容について，任意規定によって補充される（前述の補充的解釈参照）。例えば，【設例3】①の前払条項は，公の秩序に関する規定ではないため有効である。なお仮に，家賃の支払時期を定めていなかった場合は，614条が賃料支払時期の定めを補充して月末払いとされる。

これに対し，強行規定は公の秩序に関する規定であり，強行規定に反する内容の合意は無効となる。よって，【設例3】②のケースは，解約の申し入れから6か月後に賃貸借契約が終了する（借地借家27条1項），という強行規定に反するため，たとえAB間で合意していたとしても条項は無効となる。

各規定が，任意規定・強行規定いずれであるかは，明文でその旨を定めている場合もあるが（例：借地借家30条），定めがない場合は，規定の趣旨からいず

れであるかを判断する。大まかにいえば、社会秩序に関する規定（親族法、相続法、物権法）や、私的自治に関する規定（行為能力、意思表示、法律行為制度の効力に関する規定）、また、経済的弱者保護の規定（流質契約の禁止、349条）などが、強行規定に該当すると解される。なお、一方当事者の利益保護の観点から強行規定とされる場合に、一方当事者に不利な合意のみを無効とする、片面的強行規定もある（借地借家9，16，21，30条など）。

> *Column* **強行規定違反が無効となる根拠について**
>
> 　実は、強行規定に反した場合に当該法律行為は無効となる、とする明文の規定はない。この点、伝統的な通説は、公の秩序に関しない規定と異なる意思を表示したときは、その意思に従うという91条を反対解釈し、公の秩序に関する規定に反すれば無効となると解してきた。この立場は、法律行為の適法性（91条）と社会的妥当性（90条）を区別して考える。これに対し近年、強行規定に反する行為は90条により無効となるとする立場が有力である。この立場は、強行規定違反となる法律行為は、法令中の公の秩序に関する規定に反する行為なのであり、90条により当然無効となると解する。そうすると、公序良俗違反の規定の他に強行規定を設ける意味はないように思われるが、この見解は、一般条項である90条に対して、強行規定がその内容を明確にして予見可能性を生じさせる点に意義があるとする。

(2) **取締規定**

> 【設例4】　Aは、道路運送法4条で定められている営業許可を受けずに、Bを乗車させてタクシー営業（いわゆる白タク営業）を行った。Bは、無許可営業を行ったAに対して、タクシー料金を支払う必要があるだろうか。

　取締規定（取締法規）とは、行政上取り締まる目的で、一定の行為を禁止・制限する規定である。例えば、食品衛生法に基づく営業許可や宅地建物取引業法に基づく免許があり、違反者には刑罰や許可・免許の取消しなどの罰則が定められているのが一般的である。他方で、【設例4】のように、行政上必要な許可を得ずに営業行為を行った場合に、Aが処罰されるだけなのか、さらにAB間の取引も無効となるのか、取締規定違反が私法上の法律行為の効果に影響するのか問題となる。

仮に、取締規定違反を理由に私法上の取引が無効となる、と考えるならば、当該規定は強行規定と解されるため、私法上の取引の効果については、当該規定が強行規定か否かを検討すれば足りる。しかし、行政上の規定は公法に分類されるのに対し、私人間の取引は私法上の法律関係であり、公法と私法という質の異なる領域については、別途判断すべきと考えられる（公私二分論、序章参照）。したがって、取締規定と強行規定を区別し、公法である取締規定に違反したとしても、直ちに私法上の法律行為が無効となるわけではないと解する立場が通説である。よって、【設例4】のAは、道路運送法違反の処罰対象にはなるが、Bとの取引は有効であり、タクシー料金を請求することができる。

もっとも、取締規定のなかでも、その違反により私法上の法律行為も無効とする規定もあり（例：貸金業42条）、そのような規定を**効力規定**とよんで、私法上の効果に影響を及ぼさない、**単なる取締規定（狭義の取締規定）**と区別する。効力規定か、単なる取締規定かの判断基準は、①取締規定の目的、②違反行為に対する非難の程度、③当事者間の信義・公平を害するおそれ、④無効とした場合の第三者へ与える影響、これらを総合的に考慮するとされている。

Column 取締法規違反の法律行為の効力について

【設例4】のような取締法規違反の事案で私法上の法律行為の効力が争われた場合、従来の学説は、当該取締規定が、単なる取締規定か効力規定かに区別して検討していた。しかし、同じ取締規定に反する事案でも、その社会的非難の程度は異なるため、一律に振り分けることは難しい。そこで近年は、規定ではなく事案ごとに、取引の経緯や非難の程度等を総合考慮して90条で有効性を判断する立場が示されている。

判例も、有毒物質が混入したあられを販売したあられ製造業者と、それを知りつつ買い取って流通にのせた問屋の売買契約は、一般消費者への健康被害の可能性などに鑑み90条に反し無効とする一方（最判昭39・1・23民集18・1・37）、法人として許可を受けていたが個人としては許可を受けていない代表者と、それを知りつつ代表者個人に食肉を卸した業者との食肉の売買契約は、90条に反しないとするなど（最判昭35・3・18民集14・4・483）、事案に応じて有効性を判断している。

(3) 脱法行為

強行規定の適用を回避し、禁止されている法律行為と実質的に同じ効果を生

じさせる他の法律行為を行うことを**脱法行為**という。脱法行為は，これを明文で禁止している場合もあるが（利息3条は，債権者が受ける元本以外の金銭について名目を問わず利息とみなすことにより脱法を封じている），明文規定がない場合に，その効力が問題となる。

例えば，動産質は，設定者が質物を占有する形の設定や（345条），弁済期前に質権者が質物を処分することはできない旨定めている（349条）が，債権者Aが融資と引き換えに債務者B所有の動産の所有権をいったん取得し，弁済されれば所有権をBへ戻す，弁済できなければAがそのまま所有権を取得する，という形をとれば（動産譲渡担保），これらの制限を免れることができる。そこで，その有効性が問題となるが，判例は，古くから動産譲渡担保の効力を認めている（大判大6・11・15民録23・1780）。これに対し，債務者である恩給受給者Bが，債権者Aに，Bの債務完済まで恩給受領の委任を解除しないとする特約は，本人に恩給を受領させることを目的とする恩給法11条の趣旨に反する行為であり無効とした（大判昭7・3・25民集11・464。なお，現在は一部恩給担保が認められている）。このように，脱法行為の有効性は，社会的需要の合理性や強行規定の趣旨から判断されている。

4　社会的妥当性
(1)　**公序良俗**

強行規定の適用からは外れても，当該法律行為の内容の実現を社会的に認めるべきではない場合は，公序良俗に反し無効となる（90条）。ここでいう「公の秩序」は一般的な社会の秩序，「善良の風俗」は一般的道徳観念を意味するといわれており，両者をあわせて社会的妥当性と解されている。

公序良俗を定める90条は，信義則（1条2項）や権利の濫用（同条3項）と同じく一般条項であり，どのような場合に公序良俗違反に該当するのか文言上明らかではない。公序良俗違反となる事案について，これまでの判例から，以下のような類型が示されている。

①犯罪に関わる行為　　犯罪行為を依頼する内容の契約は，公序良俗違反である。また，裏口入学の運動資金の授受，不成功に終わった場合の返還等の契約は，直ちに犯罪行為とはいえないが公序良俗に反し無効である（東京地判昭

34・8・11判タ97・62)。

②性道徳に反する行為　例えば、不倫関係の維持を目的とした贈与契約や、既婚者であることを知りながらなされた将来の婚姻予約などは、公序良俗に反するといえる。もっとも、妻子ある男性がなした、自らの遺産のうち3分の1を不倫関係にある女性に包括遺贈する旨の遺言について、不倫関係の維持ではなく不倫関係にあった女性の生活維持を目的としており、かつ相続人の生活を脅かさないなど、一定の要件のもとで有効とした事案がある（最判昭61・11・20民集40・7・1167）。

③個人の自由や人権を制限する行為　個人の自由を著しく制限する法律行為の典型例は人身売買であるが、戦後問題となった事案に、芸娼妓稼働契約がある。これは、債権者Aが債務者Bに金員を貸付け、その弁済をさせるためにBの娘Cを芸娼妓として働かせるという契約である。Cは、親の借金のために売淫を強要されることになり、AC間の芸娼妓稼働契約は公序良俗に反し無効であるものの、AB間の金銭消費貸借契約そのものは公序良俗に反しているとはいえないため、結局Cは借金返済のために働かざるをえないという状況があった。これについて、最高裁は、AC間の芸娼妓稼働契約は、AB間の金銭消費貸借契約と「密接に関連して互いに不可分の関係」にあるとして、AB間の金銭消費貸借契約も公序良俗違反で無効と判断し、さらに、AがBに対して給付した金員は、人身売買を目的としたものであり不法原因給付（708条）にあたるので、Bは弁済しなくてもよいとした（最判昭30・10・7民集9・11・1616前借金無効判決）。

　また、ホステスが客の飲食代の支払を店に対して保証する旨の、ホステスと店との保証契約について、公序良俗に反し無効と判断したケース（大阪高判昭55・11・19判タ444・127）と、違反せず有効であるとしたケース（最判昭61・11・20判タ627・75）がある。ホステスによる保証は、本来店が負担すべき客の不払いのリスクをホステスへ転嫁させるものであり、保証債務の不払いによって転職や退職を制限することなどを理由に公序良俗に反すると判断されているが、違反しないとした事案は、ホステスと（債務者である）客との間に親密な関係があるなど特殊な事情があったため有効と判断されたと考えられる。

　人権に関する事案として、女性の定年年齢を男性よりも5歳早く設定する就

業規則の男女別定年制を定めた部分（最判昭56・3・24民集35・2・300），また，使用者と労働組合とのユニオン・ショップ協定のうち，締結組合以外の他の労働組合に加入している者及び締結組合から脱退または除名されたが他の労働組合に加入しまたは新たな労働組合を結成した者について使用者の解雇義務を定める部分（最判平元・12・14民集43・12・2051）は，いずれも公序良俗違反とされた。

④暴利行為　暴利行為とは，相手方の窮迫や軽率，無知に乗じて著しく不相当な利益の供与を受ける行為である。違約金として過大な損害賠償を支払う旨の契約（大判昭19・3・14民集23・147）や，弁済期を1か月後として債務額の3倍を超える物件を弁済に代えて債権者が取得する旨の代物弁済契約は，暴利行為に該当するとされた事案がある（東京高判昭36・3・10判タ118・48）。

⑤経済秩序に反する行為　金融商品取引会社が顧客に生じた損失を補塡することを禁じる，改正証券取引法の施行前の事案について，証券取引における損失補塡契約は反社会性が強いとして無効と判断されている（最判平9・9・4民集51・8・3619）。

また，競業避止義務は，その内容が相手方の職業選択の自由を過剰に制限するような場合は公序良俗違反となるといえる。最高裁は，2年間同一町内で同一業種であるパチンコ店営業をしない旨の契約は公序良俗に反しないとしている（最判昭44・10・7判時575・35）。

⑥動機の不法　動機の不法とは，法律行為そのものは不法でないが，その動機に不法がある場合をいう。例えば，賭博による借金返済に充てることを知りつつなされた貸金契約は，公序良俗に反し無効であり，貸主は返済を請求できない（大判昭13・3・30民集17・578）。つまり，貸金契約そのものは不法ではないが，賭博の借金返済に充てるということを知っていながら弁済資金を与えることは，賭博行為を助長させるものであり，貸し付けた者の主観である動機の不法性を問題にしたといえる。

動機の不法の論点は，2020（令和2）年の債権法改正前の90条の文言上「公の秩序又は善良の風俗に反する事項を目的とする法律行為は，無効とする」と規定されており，法律行為の内容が公序良俗に反していなければならないようにも解釈できることから問題となっていた。しかし，改正により「公の秩序又

は善良の風俗に反する法律行為」と文言が改められ，法律行為の内容に限らないことが明らかにされた。

> *Column* クリーンハンズの原則
>
> 　クリーンハンズの原則とは，自ら不法に関与した者は，法の救済を求めることは許されないとするイギリス法の原則であり，日本では，708条の不法原因給付の規定がその理念を明らかにしている。
>
> 　前述の前借金無効判決（最判昭30・10・7民集9・11・1616）では，AC間の芸娼妓稼働契約は公序良俗違反により無効，さらに，当事者の異なる別の契約であるAB間の金銭消費貸借契約も，稼働契約と密接不可分であるという理由で90条を根拠に無効とした。しかし，たとえ金銭消費貸借契約が無効になっても，Aは，今度は不当利得に基づいて返還請求をすることが可能である（703，704条）。これでは，違法な給付をしても結局後から回収できることになってしまって意味をなさないため，不法な原因に基づく給付は，原則として返還請求できない旨を定めている（708条）。なお，裁判所も，AのBに対する給付は不法原因給付（708条）に該当するとして，Aは返還請求できないと判示した。このように，民法は90条で法律行為を無効とし，708条本文ですでになされた給付の返還請求を認めず，表裏の関係で反社会的な行為を否定している。

(2) 公序良俗違反の判断時期

　法律行為時から社会の認識が変化し，履行の段階では公序良俗に反する可能性が生じている場合，いずれを基準とすべきであるか問題となる。

　この点判例は，行為時に有効であった法律行為がその後無効となったり，無効な法律行為が有効となったりすることは相当ではないとして，法律行為がなされた時点の公序に照らして判断すべきとしている（最判平15・4・18民集57・4・366）。

木を見る：復習問題

1．法律行為を意思表示の態様に従って3つに分類しなさい。
2．強行規定，任意規定の具体例をそれぞれいくつか挙げなさい。
3．90条と708条の関係について，具体例を示して説明しなさい。

📖 おすすめ文献

①椿寿男，中舎寛樹他『解説 新・条文にない民法 概念・制度がもっとよくわかる』（日本評論社，2010年）。

　テキストでは説明しきれない抽象的な概念について，なぜそのような概念が生じたか，またその意義などを用語ごとに解説している，興味深い一冊。

②佐久間毅，松岡久和編『判例講義 民法Ⅰ総則・物権〔第3版〕』（勁草書房，2024年）。

　判例集である。本章は，意思表示の確定性や公序良俗といった抽象的な説明が多いため，判例百選以外にも，このような判例集を参照し，具体的な事案に知識をあてはめて理解するとよい。

第5章 法律行為2──意思表示

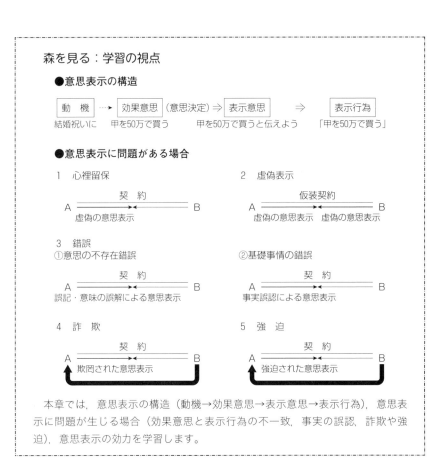

本章では，意思表示の構造（動機→効果意思→表示意思→表示行為），意思表示に問題が生じる場合（効果意思と表示行為の不一致，事実の誤認，詐欺や強迫），意思表示の効力を学習します。

1 意思表示の意義と構造

1 意思表示の意義

意思表示とは，一定の私法上の法律効果の発生（法的な権利や義務の発生）を

意欲して行う意思を外部に表現して伝える（表明する）ことである。

例えば，この土地を孫にやろうという遺言，AIを開発する法人を設立するという意思の表明，自分の時計や土地を500万円で売りますという売却の申込み，時計や土地を500万円で買いますという買受の承諾などである。売買の場合は，売買の目的物を甲と定めて，売主が「甲を代金500万円で売りたい」（申込み）と述べて，買主が売主に「甲を代金500万円で買いましょう」（承諾）と述べた内容が合致すれば，全体として売買契約という法律行為が成立し，売主の買主への所有権移転義務と買主の売主への代金支払義務という法律効果を発生させることになる（555条）。

売買契約における売主の申込みも買主の承諾も，財産権の移転義務や代金支払義務という法律効果を発生させることを意欲してなされる意思の表明としての意思表示である。この意思表示が，法律行為（例えば売買契約）の主たる構成要素となっているのであり，法律行為には，意思表示が必ず含まれている。売買契約は，申込と承諾という相対立した2つの意思表示の合致から成り立っているから，法律行為と意思表示は，その効力が問題とされるとき，明確に区別されずに互換的に用いられることもあるが，両者を区別しておくことが大切である。

2　意思表示の構造

契約における表意者が意思表示をする場合には，例えば，近くにリニアモーターカーの駅ができるとのうわさを聞いて，土地の値段が上がるから自分の土地を売りたい，友人の誕生日が近いからプレゼントとして時計を買いたいなどの**動機**をもっているのが普通である。この動機に導かれて，買い手や売り手を探し，売却代金の交渉や自分の支払い能力（代金をローンで払えるかなど）など様々な判断を経て，最終的に土地をいくらで売ろう，時計をいくらで買おうと内心で決定する（**効果意思**）。そして，その決断した意思決定を相手方に伝達しようとする意思（**表示意思**）を経て，最後に相手方に売りたい・買いたいと口頭などで表明する（**表示行為**）ことになる。以上のように，意思表示の構造を分析すると，動機→効果意思→表示意思→表示行為という過程をたどっている。

意思表示で最も重要なのは、「**効果意思**」であるとされている。なぜならば、正常な判断能力がある大人が一定の法律効果を発生させようと決断して、その意思決定を相手方に表示した場合、その意思決定をそのまま尊重して意欲したとおりの効果を法的に発生させて、その利益を享受させるとともに、他方では、自己が承認した義務（責任）を果たさせることが近代市民法の**私的自治の原則**（特に、**自己決定・自己責任の原則**）にかなうからである（11頁参照）。

したがって、例えば、買主が代金50万円で甲時計を購入するつもりで500万円と誤って売主に表示したときのように、表意者の効果意思と表示行為にくい違いが生じ、表示行為に対応する効果意思が欠けている場合には、表示行為どおりの効果を認めることはできないことになる。他方、表意者の表示行為をそのまま信じて行動した相手方の信頼にも配慮する必要があるし、表示行為をした以上、その表示した責任も問われるべきともいえる。すなわち、このような場合に、意思表示の効果を否定して意思表示をはじめからなかったものとして扱うべきか、表示行為どおりの効果をそのまま認めて有効とすべきかが問題となる。

また、効果意思と表示行為は一致しているものの、他者から騙されたり、脅されたりして不当な干渉や圧迫を受けて意思を決定した場合には、表意者に表示行為に見合う効果意思は一応存在しているものの、表意者の意思表示としては、必ずしも正常で完全なものとは評価できない。このような場合にも、表示どおりの効果を認めて意思表示を有効と扱うべきか、または一応有効としておいて後に表意者が取り消したければ取り消せるようにするべきかが問題となる。このような問題を扱うのが意思表示理論である。

民法は、表示行為に見合う効果意思がない場合を「**意思の不存在（欠缺）**」とし（101条）、原則としてこれを無効として扱っている。心裡留保（93条）と虚偽表示（94条）がこれに該当する。これに対して、表意者が他者から騙されたり、脅されたりして不当な干渉や圧迫を受けて意思を決定した場合は、「**瑕疵ある意思表示**」とし、その効力を取り消すことができるものとして扱っている。瑕疵ある意思表示は、表示行為に見合う効果意思は存在するものの、効果意思に瑕疵（キズ）がある場合である。詐欺と強迫（96条）のほか、2017（平成29）年債権法の改正後は、錯誤（95条）をこれに含めて分類している。

他方で，効果意思の前段階の「**動機**」は，意思表示の要素として，考慮の対象にはなりえないと従来考えられてきた（二元説）。なぜならば，動機は，表意者の内心の意図やそのおかれた状況により千差万別，各人各様であって，表意者の内奥にとどまる動機を考慮して意思表示の効果の有無を判断するのは，取引の混乱を招くからである（**取引の安全**）。例えば，指輪や生花の売買で，売主は自分の考えている価格で買ってもらえればそれでよいのであり，買主が婚約やお見舞いで贈りたいという動機は，売主にとってはよほどのことがない限りどうでもよいことであろう。そのため，買主から，恋人に婚約してもらえる，友人が入院しているという思い込みなどが間違いだったから，買うと決めた購入の意思表示はなかったことにしてくれと後で言われても，売主は，困惑せざるをえない（むしろ迷惑である）。当事者の双方にとって法律的に意味があるのは，売主がこの物をこの代金で売りますという意思（売主の効果意思）と買主がこの物をこの代金で買いますという意思（買主の効果意思）が存在し，その内容（例えば，目的物，相手方，価格等）が合致していることである。このような両者の基本的な関心のみが法的に重要な意味をもつのであり，相手方の様々な動機によって意思表示の効力が左右されては取引が極めて不安定になることから，基本的に意思表示の効力について動機は考慮されない。ただし，一定の要件（動機が意思決定に重要な内容として加えられ表示されている場合）を充たした場合には，動機も考慮されることがあり，意思表示の取消しが許される場合がある。

3　意思主義と表示主義

　意思表示の成立や効力をめぐって，効果意思を重視するのか，表示行為を重視するのかによって考え方が分かれている。効果意思を重視する考え方を**意思主義**，効果意思よりも外部に表明された表示行為を重視する考え方を**表示主義**という。自己決定・自己責任の私法上の発現である私的自治の原則を強調し，表意者の内心の意思決定を最大限尊重すれば，正常な真の意思決定があるところに法的効果を認めるべき（意思あるところに効果あり）となって意思主義に傾き，表意者を強く保護することになる（**表意者本人の保護の重視**）。他方，表意者の内心の意思決定はともあれ，相手方が認識できる表意者の表示行為を重視

すれば，表示行為を受け取って信じて行動する取引の相手方を重視する表示主義に傾く（取引の安全保護の重視）。

わが国の民法は，意思表示に関して基本的に意思主義に基づいて規定していると解釈すべきであるが，相手方や第三者の信頼を保護する必要があるときには，取引の安全を考慮し，表示主義によって修正していると考えてよい（原則として意思主義，例外として表示主義を採用）。

2 心裡留保

1 心裡留保の意義・要件

心裡留保とは，表意者が，その真意ではないことを知りながら，あえて虚偽の意思を表示することである（93条1項）。例えば，Aが父の形見の時計を売るつもりがないのに，Bに冗談のつもりで時計を代金1000円で売ると言った場合などである。表意者がその真意ではないことを知ってした意思表示とは，表意者が，表示行為に対応する効果意思がないことを自ら自覚しながら，本心とは異なる嘘の意思内容（真に意思決定していない虚偽の内容）を相手方に告げることである。心裡留保は，表示した表面上の意思内容とは異なり，裏の心の中には真意（本当の意思内容）を留保して表示するので，この名称がつけられている。

93条の適用範囲としては，意思表示全般に関する規定であるから，単独行為，合同行為にも適用される（合同行為につき，大判昭7・4・19民集11・837）。身分上の行為については，当事者の真意に基づくことが絶対的に必要であり，その効力も画一的に決定されるべきであるから，本条の適用はない（最判昭23・12・23民集2・14・493）。なお，人違いその他の事由によって婚姻や養子縁組の意思がないときは，真意に基づかない婚姻（742条1号）や養子縁組（802条1号）として，当該身分行為は無効となる。また，意思表示は，あくまで法律効果の発生を意図したものに限られ，演劇の舞台の上でのセリフなどの表示は，そもそも法的効果を意欲してなされる意思表示ではないから本条の適用はない。

2　心裡留保の効果

　心裡留保による意思表示は，そのためにその効力を妨げられないのであり，有効として扱われている（93条1項本文）。ただし，相手方が，その意思表示が表意者の真意ではないことを知り，または知ることができたときは，その意思表示は，無効とされている（同項ただし書）。すなわち，心裡留保の意思表示の効果は，相手方が善意・無過失である場合には，有効であり，相手方が悪意または相手方に過失がある場合には，無効である。

　表示行為に対応する効果意思が不存在の場合には，意思主義からすると，本来，意思表示は無効のはずである。しかし，心裡留保は，表意者が自分の真意に反する虚偽だとわかっていて自らあえて意思表示を行っている場合であるから，表意者の保護は必要ない。他方で，表意者の表示を過失なく信頼した相手方は保護する必要があり，善意・無過失の相手方に対しては意思表示を表示どおり有効として扱っている。ただし，相手方が悪意または過失のある場合には，相手方を保護する必要がないので，本来の意思主義の原則に戻って，意思表示を無効として扱っているのである（93条1項ただし書）。なお，条文上は，本文が原則とされているから，相手方が表意者の真意を知っていた，知りえたことは，表意者が主張・立証しなければならない。

　相手方が表意者の意思表示が真意ではないことを知り（相手方の悪意）というのは，相手方が表意者の真意を知っていたこと（真意の認識＝本心をわかっていた）までを必要とするのではなく，相手方の意思表示が真意に反する嘘であることをわかっていたこと（虚偽の認識）で足りる。また，相手方の真意を知ることができた（相手方の過失）というのは，一般人の注意を払えば表意者の真意を知ることができた（普通に注意すれば嘘だとわかることができた）場合をいう。

【設例1】　夫のあるXは飲食店で働いているうちに，独身サラリーマンの男性Yと知り合い，お互い婚姻の意思なく同棲するようになった。ところが，YはAとお見合いをして結婚することになったので，Yは，Xと別れ話を行ったが，結婚式の当日の朝まで別れてくれないので，Xに言われるままに2000万円を贈与する書面を作成した。Xの書面に基づくYに対する支払請求は認められるか（東京高判昭53・7・19判時904・70）。

3　善意の第三者保護（93条2項）

　相手方Bが表意者Aの意思表示が真意ではないことを知り，または知ることができたときは，表意者の意思表示は無効として扱われる（93条1項ただし書）が，表意者Aは，この無効を相手方Bから売買によって不動産などを譲り受けた善意の第三者Cに対しては対抗できない（93条2項）。この規定は，相手方Bが悪意・有過失でAの意思表示が無効とされる場合であっても，Aの真意を知らない善意の第三者Cは取引の安全により保護される必要があることから，以前は94条2項が類推適用されていた（大阪地判昭56・7・28判時1029・122，東京地判平7・1・26判時1547・80）が，2017（平成29）年の改正によって付加された。詳しくは，虚偽表示で解説する。

3　虚偽表示

1　虚偽表示の意義・要件

　虚偽表示とは，相手方と相互に通じ合いながら自分の真意とは異なる虚偽の意思の表示を行うことである。例えば，多額の借金をしたAが，債権者Gからの差し押さえを免れるために，自己所有の甲不動産を他人のBと結託し，売買契約を仮装して甲をBに売ったことにして，Bに不動産の登記名義を移転した場合などである。このような意思表示は，通謀虚偽表示といわれ，虚偽の意思表示の効果は，無効とされている（94条1項）。

　94条の虚偽表示の特徴は，虚偽の意思表示を「相手方と通じてした」点にある。すなわち，表意者が相手方と虚偽の意思を共有して通じ合い，それぞれの意思表示が虚偽であることを相互に了解して法律行為を仮装するのである。表意者と相手方が相謀って虚偽の意思表示を双方があえて作出することに注目すべきであり，表意者が単独で虚偽の意思表示を行う心裡留保とは異なる。相手方は，表意者の意思表示が真意に基づかないものであることをわかっていることから，相手方を保護する必要はない。なお，当事者が通謀して売買契約を偽装するのが94条の虚偽表示の典型例であるが，判例は，この相手方と通じてしたという通謀の要件を緩和するなどして，94条2項を広く類推適用して善意の第三者の保護範囲を拡大し，特に不実の不動産登記を信頼した第三者の保護を

図っている（後述）。

2 虚偽表示の効果

相手方と通じてした虚偽の意思表示は，無効と扱われる（94条1項）。虚偽表示による売買契約の当事者である売主Aには，真に甲不動産を売却してBに所有権を移転させる効果意思はなく，また，買主であるBにも，甲不動産を真に買い受ける効果意思はない。94条1項は，このような表意者の真意ではない意思表示に法的効果を与えるべきではないとし，虚偽の意思表示の効力を否定しているのである。各々の虚偽の意思表示が無効である結果として，見かけ上成立した売買契約という法律行為全体も無効として扱われる。

真意あるところに法的効果を認める意思主義からすると，表示行為に見合った効果意思が表意者に存在しないことから，その意思表示には効力を認めるべきではないことになる。また，当事者が結託してわざと作りだした虚偽の法律行為を法が認めてお墨付きを与えるべきではないともいえよう。なお，裏を返せば，当事者間では，表示どおりの効果を発生させない合意があると見ることもできよう。

3 善意の第三者の保護（94条2項）

【設例2】 Bは，自己に甲不動産の登記名義があることをいいことに，AB間の虚偽表示を知らない第三者Cに甲を売却した。AはCから甲を取り戻せるか。

相手方と通じた虚偽による意思表示の無効は，善意の第三者に対抗できない（94条2項）。すなわち，当事者間ABでは無効とされる虚偽表示は，当事者以外の善意の第三者Cとの関係では，その意思表示の無効を主張できず，結果としてAB間の売買契約はCとの関係では有効として扱われる。

第三者とは，虚偽表示の当事者およびその包括承継人（相続人など）以外の者であって，虚偽表示の外形を信頼して新たに利害関係を有するに至った者である（最判昭45・7・24民集24・7・1116）。例えば，虚偽表示により目的物の譲渡を受けた者からの譲受人（最判昭28・10・1民集7・10・1019），目的物に抵当権の設定を受けた者（大判大4・12・27民録21・2124），目的物の差押債権者（最

判昭48・6・28民集27・6・724）などである。なお，一般債権者は未だ目的物に直接利害関係を有していないことから第三者にあたらない（大判大9・7・23民録26・1171）。このほか，代理人が相手方と通じて虚偽表示をなす場合の本人（大判大3・3・16民録20・210）なども第三者にはあたらないとされている。

　94条2項にいう善意とは，意思表示が虚偽表示によってなされたものであることを第三者が知らないことである。判例は，虚偽表示の当事者が自分の真の意思に反してあえて虚偽の表示を行っていることから，第三者の要件として，無過失までは要求していない（大判昭12・8・10新聞4181・9）。虚偽表示は，本来意思の不存在として無効と扱うべきであるが，表意者は，真意とは異なる虚偽の法律状態をあえて自ら作り出したのであるから，その責任として権利を喪失してもやむを得ない事由（虚偽の外観作出の帰責性）が存在する。これに対して，善意の第三者は，意思表示が虚偽であることを知ることなく虚偽の外観が真実であると信じて取引関係に入った者である。したがって，第三者は，無過失までは要求されず，善意のみで保護されるべきというわけである（詐欺や錯誤における第三者の保護に無過失を要求していることとは異なる）。また，不動産の対抗要件としての登記も必要ない（最判昭44・5・27民集23・6・998）。

　なお，動産の場合には，第三者が善意かつ無過失であれば，192条の即時取得が成立し（物権法で学習），94条2項を持ち出す必要がないので，専ら不動産の取得者が問題となってくる。

4　第三者からの転得者の保護

【設例3】　AB間で仮装売買を行うことにより，Bが不動産甲を取得して第三者Cに売却した後，さらにCがDに転売した場合にDは保護されるか。

　【設例3】の場合，CとDの双方とも善意の場合には，Dは保護され，双方とも悪意の場合には，Dは保護されないとして問題はないだろう。しかし，ⓐCが善意，Dが悪意の場合，ⓑCが悪意，Dが善意の場合には問題である。ⓑの場合には，判例は，Dも94条2項の善意の第三者として保護されるとしており（最判昭45・7・24民集24・7・1116），これに対しては，学説にもほとんど反対はない。残っている問題は，ⓐの場合であり，一旦善意者が登場すれ

ば，その後の転得者の悪意・善意を問わず，全て転得者は保護されるとする見解（絶対的構成説）と，転得者ごとに判断するとして，転得者が悪意の場合には保護しないという見解（相対的構成説）に分かれている。判例は，絶対的構成説を採っている（大判大3・7・9刑録20・1475，大判昭6・10・24新聞3334・4）。

> *Column*　**絶対的構成と相対的構成**
>
> ○絶対的構成説の理由
> ・転得者Dは，善意者Cの地位をそのまま承継するので，一旦善意者が登場すれば，権利関係が確定し，以後の転得者は全てその善意の地位を承継することになる。
> ・転得者ごとに有効無効を判断するとすれば，善意，悪意ごとに法律関係がその都度覆ることになり，法的安定性がなくなり，取引の安全が害されることになる。
> ・相対的構成説からの，わら人形批判（後述の相対的構成説の第2の理由を参照）については，まずは，それはあくまで特殊な場合であり，もしそのような特殊な例が起こったとしても，Dの所有権の主張は，権利濫用（民法1条3項）としてその主張を封じればよい。また，Cは形式的な譲受人にすぎず，実質的・直接的な第三者はDであるとして，Cの第三者性を否定すれば足りる。
>
> ○相対的構成説の理由
> ・Dも94条2項の第三者とすれば，悪意者は，保護されないのであり，善意，悪意ごとに判断すべきである。
> ・絶対的構成を採ると，悪意者Dが直接Bから権利を買い受けるとAに93条2項によって権利を対抗されるので，Dが間に善意者Cを連れてきて，いわばわら人形として，挟み込むという策を弄して（自分の悪意をカモフラージュして），確定的に権利を得ることになり，妥当ではない。
>
> ⇒結果的に，絶対的構成説も，わら人形に関しては無効を認めており，両説の実質的な違いはないと評価されている。

5　94条2項の類推適用

【設例4】　A所有の甲不動産が何らかの原因によってB名義で登記されていた。Bが，甲不動産の登記が自分名義であることをいいことに，自己の所有不動産であるとして善意の第三者Cに売却した。Aは，Cに対して所有権を主張して取り戻せるか。

第5章 法律行為2

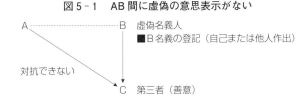

図5-1 AB間に虚偽の意思表示がない

　AがBと通じて虚偽の意思表示を行い，Bへの不動産譲渡を仮装して移転登記を行ったのであれば，A自らがBと結託して虚偽の外観を積極的に作出したのであるから，虚偽表示を知らない善意の第三者Cには，94条2項が直接適用されて保護される。これに対して，真実の権利者Aの知らない間に移転登記申請書などが偽造されて勝手にB名義で登記された場合には，Cがいかに善意でBの登記名義を信じたとしてもCは保護されないのが原則である（不動産登記には公信力がない）。

　しかし，判例は，不動産取引に関して，①虚偽の外形（登記など）が存在し，かつ，②その虚偽の外形について通謀と同じように真の権利者Aに何らかの帰責性があると評価できる場合で，③その虚偽の外形を第三者Cが善意で信頼したときには，94条2項を類推適用するなどして，Cを保護している。第三者Cの保護の要件については，真の権利者Aの虚偽の外形作出への帰責度（関与の程度）によって，真の権利者の意思と外形が対応している類型（意思外形対応型）と対応していない類型（意思外形非対応型）に区別し，前者においては，94条2項を類推適用して善意，後者においては，94条2項及び110条の法意に照らして善意かつ無過失としている。

(1) **意思外形対応型**

　最高裁は，真の権利者Aと相手方Bとの間で仮装売買などの通謀による契約関係がない場合でも，虚偽の外形（登記）がAの意思または承認（事後でもよい）によって作出された場合には，虚偽表示類似の関係として，94条2項を類推適用して善意の第三者Cを保護している。

　まず，Aが夫から頼まれてBに使用させるために，Dから家屋を買い受けたが，Bに所有権を移転する意思がないにもかかわらず，家屋を自分の名義にしないで，夫と協議のうえBの承諾のもと便宜上B名義にしておいたところ，

Bが善意の第三者Cに家屋を売却した事案がある。最高裁は，実質においては，AがBと通謀して虚偽仮装の所有権移転登記をした場合と何等えらぶところがない（区別すべきでない）として，94条2項を類推適用し善意の第三者Cを保護している（**外形自己作出型**，最判昭29・8・20民集8・8・1505虚偽表示者登記面上不存在事件）。AB両者には，各々不動産を譲渡・譲受する意思はなく，登記面上Aの名義は表れていないとともに，AB間には仮装売買というような虚偽の意思表示による法律行為も存在しないから，虚偽表示の典型例とは異なる。しかし，最高裁は，Aが虚偽の登記という外形の作出に関与しており，外形作出におけるAの帰責性を認め，第三者の取引の安全保護の観点から，94条2項を類推適用している。次に，最高裁は，登記名義人の承諾の有無により，真実の所有者の意思に基づいて表示された所有権帰属の外形を信頼した第三者の保護の程度に差等を設ける理由はないとして，名義人Bの承諾も不要とし，虚偽表示における当事者の通謀性の要件を緩和している（最判昭45・7・24民集24・7・1116他人名義不実登記事件）。さらに，家屋の真の所有者Aが，固定資産税台帳上B（夫）の名義になっていることを知ったにもかかわらずそのまま放置し，B名義で固定資産税も納入していたところ，Bの債権者CがBに対する強制執行として家屋を強制競売する申立てをしてきた事案がある。最高裁は，未登記建物の所有者が家屋台帳に他人の所有名義で登録されていることを知りながら，これを明示または黙示に承認していた場合には，民法94条2項の類推適用により，所有者は，台帳上の名義人から権利の認定を受けた善意の第三者に対し，名義人が所有権を有しないことをもって対抗できないとしている（**外形他人作出型**，最判昭48・6・28民集27・6・724固定資産税台帳不実名義事件，最判昭45・9・22民集24・10・1424不実登記承認事件）。この事案は，AB間には通謀性は全くなく，虚偽の外形は，A自らが作出したものではないが，他人が作出した虚偽の外形を知りながら長期間放置していることは，もはやそれを事実上承認したものと同視できる。権利者が自己名義に訂正して容易に権利を保全できるのにそれをしないことは，権利行使の懈怠(けたい)（怠慢）として，Aは，権利を失ってもやむを得ない帰責性があると評価し，取引の安全保護の観点から，94条2項を類推適用し，善意の第三者Cを保護しているのである。

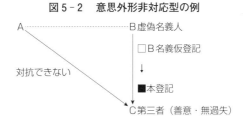

図 5-2　意思外形非対応型の例

(2) 意思外形非対応型

　最高裁は、Aと相手方Bとの間で作出された仮登記などの外形がAの承諾なくBによって本登記に変更された場合、94条2項及び110条の法意に照らして善意無過失の第三者Cを保護し、さらに、Aが虚偽の外形作出に全く関与していない場合であっても、自ら外形作出に積極的に関与した場合やあえて放置した場合と同視できるときには、94条2項と110条の類推適用により、善意・無過失の第三者Cを保護している。

　まず、不動産の所有者Aは、Bから取引上の信用を得るために所有名義だけでも貸してほしいと頼まれて、不動産の売買予約を仮装し、Bのために所有権移転請求権保全のための仮登記を行ったところ、Bは、虚偽の印鑑届をしたうえで、Aに無断でAの委任状と本登記申請書を偽造して本登記の申請を行い、B名義の本登記を取得した後、順次譲渡されてC名義で移転登記がなされた事案がある。最高裁は、外観上の仮登記権利者Bが、仮登記があるのを奇貨として、ほしいままに本登記手続をしたとしても、Aは本登記の無効を善意・無過失の第三者Cに対抗できないとした（最判昭43・10・17民集22・10・2188）。その法的根拠として、仮登記の外観を仮装した者がその外観に基づいてされた本登記を信頼した善意・無過失の第三者に対して、責に任ずべきことは、民法94条2項、110条の法意に照らして、外観尊重および取引安全の保護の要請というべきであるとしている。

　本事案では、AB間で仮装売買の予約という虚偽の意思表示による法律行為は存在しており、また、仮登記という虚偽の外形作出については、Aの関与があり、Aに帰責性があるが、本登記という外形については、Aの関与を超えたものであり、本登記への変更には、Aに帰責性はない。しかし、Aが作

出した虚偽の仮登記を原因として，本登記が作出されている以上，本登記に関してもAに帰責性が全くないとはいえない（元はといえば，仮登記が原因である）。Aの関与した外形を超える外形が作出されている点は，あたかも基本代理権限が与えられている代理人がその基本権限を超えて代理権を行使した場合（民法110条の権限外の表見代理）に類似しており，最高裁は，94条2項・110条の法意に照らし，外観尊重および取引保護の要請に応じつつ，他の類型に比してAの帰責性が稀薄であることを考慮して，第三者Cが善意・無過失である場合に限って保護すべきとしている（第三者の保護要件を加重している）。

　最高裁は，94条2項と110条の表見代理の相手方保護規定を合わせて適用することによって，本登記の外形作出に関するAの帰責性が弱い場合には，第三者の保護要件を厳格にして（無過失まで要求），両者の公平性のバランス（真の権利者の保護と第三者の保護との比較考量）をとっているといえる。したがって，ここでの無過失は，民法110条の正当理由の有無を決する際の無過失とほぼ同一の機能を果たすことになろう。

　さらに，判例上，Aが，自己の所有不動産の賃貸事務をBに任せて，Bに必要もないのに登記済証を渡し，印鑑登録証明書を取らせ，実印を押印した登記申請書を預けておいたところ，BがAに無断でAからBに所有権移転登記を行い，さらにこれをCに売却しBからCに移転登記を行った事案がある。最高裁は，Aのあまりにも不注意な行為に鑑み，Aは虚偽の外形作出に全く関与していないものの，その帰責性の程度は，自ら外形作出に積極的に関与した場合やこれを知りながらあえて放置した場合と同視できるほど重いとして，94条2項と110条の類推適用により，Aは，善意・無過失の第三者Cに対抗できないとしている（最判平18・2・23民集60・2・46）。最高裁は，真の所有者AがBの不実の登記を事後的に承認したわけではないが，Bの移転登記手続ができたのは，Aのあまりにも不注意な行為によるものであり，Bによる虚偽の外形（不実の登記）作出に対するAの帰責性の程度は，自ら外形の作出に積極的に関与した場合（外形自己作出型）やこれを知りながらあえて放置した場合（外形他人作出型）と同視できるほど重いとして，94条2項，110条を類推適用して，Aは，善意・無過失のCに対抗できないとしているのである。

　以上の判例法理は，真の権利者の外形形成に対する帰責性を根拠として，作

出された外観を信頼した善意または善意・無過失の第三者を保護するということであり，この理論は，「権利外観法理」と呼ばれている。

4 錯　誤

1　錯誤の意義

　人は生きていくうえで，様々な場面において無意識のうちに，書き間違いや言い間違いなどのミスをおかしたり，物事を誤って理解し認識したりするなどして勘違いをすることがある。錯誤とは，一般的には，広く事実と表意者の観念（認識）の無意識的なくいちがいであるが，これらの表意者のミスや勘違いを法的にどの範囲まで救済すべきかが問題となる。例えば，自分の時計を100,000円で売るつもりが10,000円で売ると書き間違えて売却を約束してしまった場合のほか，友人が結婚したと思いこんでお祝いの品物を店で購入したが友人は結婚していなかった場合などである。

　これらは，表意者の無意識による誤記・誤言，真実とは異なる誤理解・誤認識などであり，このような錯誤について，表意者は，相手方に対してその意思表示を取り消して契約等をなかったことにすることができるのだろうか。たしかに，たとえ表意者のミスや勝手な思い込みであったとしても，表意者が真実の意思で判断・決定していないのであれば，効果意思を重視する意思主義からはその効力を否定する方向で考えるべきであろうし，また，必ず有効として表意者に損失の責任をすべて負わせるのは酷であるから，やはり表意者の意思を尊重し意思表示の効力を認めなくてもよさそうである。他方，表意者の一方的な誤記や誤認等を理由に意思表示の効力を否定し，相手方との約束等をすべてなかったことにするのは，表意者の表示を信頼した相手方に不測の損害（予期しない損害）を与えることになり，相手方はいかにも気の毒である。したがって，両者の利害の調整が必要であり，民法は，錯誤を2種類に分けて規定し，一定の要件のもとで，両者の利害の調整を図っている。

2　錯誤の要件

　意思表示は，2つの錯誤のいずれかに該当する場合で，その錯誤が法律行為

の目的及び取引上の社会通念に照らして重要なものであるときに限り，取り消すことができる（95条1項）。ただし，錯誤が表意者の重大な過失によるものであった場合には，表意者は意思表示を取り消すことができない。なお，表意者に重過失があったとしても，2つの例外を設けて，表意者による取消しを認めている（95条3項）。

したがって，表意者が意思表示を取り消すことができる錯誤の要件としては，(1)2種類のいずれかの錯誤であること（①**意思不存在の錯誤**または②**基礎事情の錯誤**），(2)共通の要件として，ⓐ錯誤の重要性，ⓑ表意者の無重過失を要求し，(3)ⓑの表意者に重過失がある場合でも，相手方の態様（相手方の重過失または共通の錯誤）によっては，例外的に取消しを認める構成となっている。

3　意思の不存在による錯誤（意思不存在の錯誤）

意思の不存在による錯誤とは，表示に対応する効果意思を欠く錯誤である（95条1項1号）。民法において保護されるべき錯誤は，従来，効果意思と表示にくいちがいのあることを表意者が自覚していない意思表示（大判明35・3・26民録8・73新規借入錯誤事件によれば，「不慮の意思の欠缺」）と解されてきた。

意思の不存在による錯誤にも2種類ある。第1は，書き間違いや言い間違いによって生じる「**表示上の錯誤**」である。例えば，1,000円と書くつもりで，無意識でゼロを1つ余計に書いてしまい，手形支払金額を10,000円とした場合（最判昭54・9・6民集33・5・630）で，いわゆる表意者の無意識による誤記や誤言である。第2は，言葉の意味内容を勘違いして意思を表示する「**内容の錯誤（表示意味内容の錯誤）**」である。例えば，カナダドルと米ドルが同じ価値と誤解して（米ドルの方が，価値が高い）カナダドルで売買代金を支払うつもりが米ドルで支払うと約束してしまった場合，琥珀色の洋酒のウィスキーとブランデーは同じ意味だと思いこみ，贈答用のウィスキーを買うつもりでブランデーの購入を申し込んだ場合であり，いわゆる意味内容の誤解・誤認識である。両者は，従来から合わせて「**表示の錯誤**」とされてきた。

この表示の錯誤には，表示に対応する効果意思（真実の意思決定）がない。すなわち，表意者に無意識による表示と効果意思のくいちがい（齟齬）が生じているのであり，効果意思を重視する意思主義からすると，表意者に自己による

真実の意思決定が正常に存在しない場合は，本人に責任を負わせられないことになる。したがって，改正前の95条では，意思の不存在による錯誤は，「無効」として扱われてきた。しかし，諸般の事情から，現行法では「取消」に変更されている（詳しくは，効果の項目を参照）。

4　基礎事情の錯誤

基礎事情の錯誤とは，表意者がある事情（動機）を法律行為の基礎とし，その事情に関する表意者の認識と真実とが異なる錯誤である（95条1項2号）。

【設例5】　友人Cが結婚したと思いこみAがお祝いの品物甲をBから購入したが実はCは結婚していなかった場合，買主Aは，売買契約を取り消すことができるか。

Aは，Bからお祝いの品甲を購入するという意思決定を行い（効果意思），そのまま甲の購入をBに申し込んでいることから，表示に対応する効果意思は存在し，効果意思と購入申込みの表示行為にくいちがいはない。また，Aが有名な画家の甲という絵画を本物だと思い込んでBから購入したが実は偽物だった場合も，Aは，甲絵画を買うという意思決定を真に行い，甲絵画を買うと表示していることから，表示行為に見合う効果意思は存在し，表示行為と効果意思にくい違いはない。いずれも表示行為に対応する効果意思は存在し，これらは意思の不存在による錯誤ではない。他方，「Cが結婚したから」，「甲が本物だから」という購入の意思決定の動機と「Cは結婚していない」，「甲は偽物」という事実とのくいちがいが生じており，効果意思形成過程における動機の部分で事実と異なる思い込み（誤認識）が存在している。すなわち，表意者の事実に関する認識が誤っているのである。これらは，動機における事実認識の誤りゆえに，従来から，**動機の錯誤（事実錯誤）**といわれてきた。

表意者の動機は，千差万別・多種多様であり，すべての動機が顧慮され，それによって法律行為の効力が左右されるとなると，取引の相手方は，表意者の意思表示の動機を一つひとつ確認しなければ安心して取引することができなくなる（取引の不安定）。例えば，友人の結婚祝いの品物の購入に際して，売主は顧客に対して，友人が実際結婚したことを顧客に確認しなければならなくなるし，骨董品の売買においても売主は専門家の鑑定書がなければ売ることができ

ないということになりかねない。したがって，あらゆる動機を取引上顧慮して保護することはできない。しかし，そのすべてを表意者の責任にして，動機の錯誤による意思表示は常に有効とすると表意者に酷なことがある。

そこで，95条は，意思の不存在による錯誤（1項1号）に加えて，動機の錯誤であっても，一定の要件をみたせば，「**基礎事情の錯誤**」として表意者は保護されると規定している。

> *Column* 改正前95条における要素の錯誤と動機の錯誤
>
> そもそも2017（平成29）年の民法改正前の95条は，「意思表示は，法律行為の要素に錯誤があったときは，無効とする。」と規定し，「要素の錯誤」は，心裡留保（93条）及び虚偽表示（94条）に次いで意思の不存在である無効な意思表示として位置づけられていた。また，代理行為の瑕疵の規定である改正前101条1項も，「意思の不存在」に「要素の錯誤」が含まれることを示していた。改正前95条の表意者が保護される「**要素の錯誤**」は，元々は意思の不存在による錯誤と考えられていたのであり，元来意思の不存在ではない「**動機の錯誤**」は95条の要素の錯誤として保護されていなかった（二元説）。
>
> これは，ドイツ民法第1草案にならうものであったが，その後，ドイツ民法自体は修正がなされた。また，日本においても，判例が，「**動機の錯誤**」であっても，一定の要件をみたせば，意思不存在の錯誤に準じて，95条の要素の錯誤として表意者を保護する考え方を次第に採るようになった（次の*Column*を参照）。最終的には，2017（平成29）年の民法改正によって，動機の錯誤は，95条の1項2号の「基礎事情の錯誤」に該当すれば，限定的に保護の対象とされるようになった。

基礎事情の錯誤は，表意者がある事情（動機）を法律行為の基礎とし，かつ，それが表示されていたときに限り保護される（95条1項2号，2項）。法律行為における基礎事情の存在とその表示が要件である。

法律行為の基礎とした事情の表示とは，従来の判例における「動機を意思表示に加える表示」（大判大3・12・15民録20・1101抵当権家屋価格錯誤事件），すなわち，動機が表示されて法律行為の内容となった場合と同様に解釈してよい。なお，判例は，動機が黙示的に表示されているときであっても，これが法律行為の内容となることを妨げるものではない（最判平元・9・14判時1336・93離婚財産分与課税錯誤事件）とし，表示は，明示のみならず，黙示でもよいとしてい

る。以前の判例は，当時の学説を意識して表示を重視していたが，最近では，むしろ，表示そのものよりも動機（基礎事情）の法律行為の内容化を重視する傾向にある（最判平28・1・12民集70・1・1反社会的勢力信用保証錯誤事件，最判平28・12・19判時2327・21中小企業者信用保証錯誤事件）。表示は，法律行為の内容化の一手段と考えれば，法律行為の内容化（特定の事情を法律行為の基礎としたこと）さえ認定できれば，明示でなくても黙示でもよいということになる。売主が目的物の品質や真贋を言明し保証していると評価できる場合，和解契約の当事者が前提にしていた事情が実は存在しなかった場合などに関しては，やはり特に保護する必要がある。

なお，表意者がある特定の事情を法律行為の基礎として相手方に表示して法律行為の内容になったといっても，法律行為のどの部分でどのように位置づけられていかなる内容となったのかが問われなければならない。この点，高森教授は，動機は，法律行為の核となる本質的な部分ではなく，非本質的な部分において，①契約条項（履行期，履行場所・方法など），②付随的合意（手付，品質保証，損害担保約定，違約金，裁判管轄など），③附款（条件，前提など）として，取り込まれた（合意された）場合にのみ保護すべきとされている（212頁を参照）。

Column 改正前95条における判例の動機錯誤保護要件

従来の判例は，動機の錯誤に関して，以下の要件をすべてみたした場合に限って改正前95条の「要素の錯誤」に準じて保護してきた。すなわち，(1)動機の表示，(2)動機の法律行為（契約等）への内容化（条件，保証，前提など），(3)動機の主観的重要性（主観的因果性）・客観的重要性（客観的合理性）である（リーディングケースとして大判大3・12・15民録20・1101抵当家屋価格錯誤事件）。(1)は，動機を相手方に表示していたことであり，明示はもちろん，黙示でもよいとされてきた。(2)は，動機が当事者の間で，単なる表示にとどまらず，条件，保証，前提として合意されていた場合といえよう。例えば，道路が開通しているとの売主の言明を信じて買主が当初の希望価格を大幅に上回る代金で山林を買った山林売買錯誤事件（最判昭37・11・27判時321・17）では，判例は買主の意思表示は要素の錯誤として無効としているが，道路の開通が「条件」として当事者で合意されていたと評価できる。受胎良馬錯誤事件（大判大6・2・24民録23・284）では，妊娠した馬の売買契約で買主が売主による受胎している良馬との言明を信じた場合として，売主による目的物の性質の「保証」が

あったと評価できる。また，離婚財産分与課税錯誤事件（最判平元・9・14判時1336・93）では，財産分与を行う夫に課税されないことが当事者の「当然の前提」となっていた（いわゆる前提合意）として要素の錯誤を認めている。同じように，特選金菊印苺ジャム事件（最判昭33・6・14民集12・9・1492）では，良質の苺ジャムであることを和解契約の双方が信じていた場合として，双方にブランドの苺ジャムであることが和解契約の「前提」となっていたと評価できる場合である。(2)の契約内容化要件は，最近，特に重視される傾向にあり，たとえ動機が表示されても，当事者の意思解釈上，それが法律行為の内容とされたものと認められない限り，要素の錯誤として表意者を保護しないと判示されている（最判平28・1・12民集70・1・1反社会的勢力信用保証錯誤事件，最判平28・12・19判時2327・21中小企業者信用保証錯誤事件）。

5　錯誤の重要性

2種類の錯誤の共通要件として，錯誤が法律行為の目的及び取引上の社会通念に照らして重要なものでなければならない（95条1項本文）。改正前95条の「法律行為の要素」を言い換えたものである。当該法律行為の目的と取引社会の常識から鑑みて，表意者自身はもちろん，通常人であっても，錯誤がなかったならば，そのような意思表示をしなかったといえるほど，錯誤が主観的にも客観的にも重要であった場合である。すなわち，判例によれば，①もし錯誤がなかったならば表意者自身がその意思表示をしなかったであろうと認められる場合（主観的重要性・因果性），かつ，②一般人であっても，もし錯誤がなかったならばそのような意思表示をしなかったであろうと認められる場合（客観的重要性・合理性）として定式化していた（大判大7・10・3民録24・1852）。

6　表意者の無重過失

錯誤が表意者の重大な過失によるものであった場合には，次に掲げた場合を除き，意思表示の取消しをすることができない（95条3項）。表意者に重過失がある場合には，95条1項・2項の錯誤要件をみたしても，取消しの主張は封じられるというわけである。表意者の重大な過失とは，表意者の職業，行為の種類・目的などに応じ，普通になすべき注意を著しく欠くことであるとされている。例えば，株式の売買譲渡について知識経験を有する者が，銀行株式の売買

において譲渡制限を知らなかったとしても，注意義務の懈怠(けたい)（重大な過失）を認めている（大判大6・11・8民録23・1758）。また，弁護士が依頼人の代理人として署名するものと誤信して，依頼人を主債務者とする連帯保証人として公正証書に署名した場合に，弁護士の重過失を認めている（最判昭44・9・18民集23・9・1675）。表意者に重過失があることの立証責任は相手方にある（大判大7・12・3民録24・2284）。

なお，表意者に重過失があったとしても，錯誤による取消を主張できる2つの例外がある。

第1の例外は，相手方が悪意または相手方に重大な過失があった場合（95条3項1号）である。すなわち，相手方が表意者の錯誤を知っているまたは容易に知りえた場合である。表意者の重過失によって表意者の保護が奪われ，契約が有効と扱われるのは，相手方保護のためであり，相手方が悪意または相手方に重大な過失がある場合には，相手方を保護する必要がない。したがって，意思主義の原則に戻り，意思の不存在による錯誤はもちろん，基礎事情の錯誤においても，表意者の取消しを認めているのである（**取消権の復活**）。

第2の例外は，相手方も表意者と同一の錯誤に陥っていた場合（同項2号，共通錯誤）である。共通錯誤については，相手方自らが表意者と同一の錯誤に陥っている以上，表意者がたとえ重過失によって錯誤に陥っていたとしても，相手方は表意者の重過失ある錯誤を責めることはできない。いいかえれば，相手方は自らも表意者と同じ錯誤に陥っていることから，表意者の錯誤を否定し契約を有効にして保護すべき正当な利益を有していないというわけである。特に，意思の不存在による共通錯誤の場合には，相手方自身も表意者と同一の意思不存在による錯誤に陥って当事者双方に効果意思が存在しないことから，意思主義からすると，理論的には本来法律行為を無効とすべき場合である（虚偽表示と類似）。基礎事情の共通錯誤の場合には，従来，共通動機の錯誤として議論されてきたのであり，当事者の双方が契約の共通の基礎について誤解・誤認をし，それを前提として契約を締結した場合に発生する（最判昭45・3・26民集24・3・151藤島武二・古賀春江贋作事件，東京地判平14・3・8判時1800・64モロー作ガニメデスの略奪事件）。

7　錯誤の効果

　意思の不存在による錯誤または基礎事情の錯誤による意思表示は，取り消すことができる（95条1項）。取消権は，錯誤に陥って意思表示をした表意者本人またはその代理人もしくは承継人に限り与えられている（120条2項）。

　表意者が錯誤を理由に法律行為を取り消した場合には，法律行為は初めから無効であったものとみなされ（121条），法律行為の当初から無効となる。取消しできる行為には，追認が可能である（122条以下）ものの，追認ができるときから5年間行使しないときまたは行為の時から20年経過した後には期間制限によって取消権は消滅する（126条）。つまり，表意者は，取消権を行使して意思表示の効力をはじめに遡って無効にするか，追認して有効を確定させるか，有効のままにしておいて取消権を5年の消滅時効または20年の期間制限にかからしめるかを選択できるのである。

　意思の不存在の錯誤については，意思の不存在であるから，意思主義からすれば本来は無効とすべきであり，改正前の95条は，錯誤を要素の錯誤に限定し，その効果を無効と規定していた。しかし，現行民法は，動機の錯誤を一定の要件のもとで保護する条文として，基礎事情の錯誤の規定を設け，詐欺・強迫と同様に瑕疵ある意思表示に位置づけた（101条）ため，意思の不存在による錯誤の効果も取消しに変更された。従来要素の錯誤による意思表示は条文上無効とされていても，表意者が自ら錯誤無効を主張しないでそのままにしておけば，意思表示は事実上有効と扱われて推移する点では取消しと同様であり，また，無効としても相対的無効と考えられていたこともその理由とされている。なお，意思の不存在による錯誤は表意者の意識的な意思の欠如ではないことから，意識的意思欠缺である心裡留保・虚偽表示とは異なり，有効とするか無効とするかについては，錯誤者の判断にゆだねた趣旨であるとの見解がある（近江・219）。

8　第三者の保護（95条4項）

　現行民法は，錯誤による意思表示を詐欺・強迫による意思表示と同じ瑕疵ある意思表示に位置づけた結果，詐欺の第三者保護の規定（96条3項）と同様に，錯誤による意思表示の取消しは，善意かつ無過失の第三者に対抗することがで

きないと規定した（95条4項）。第三者とは，錯誤による意思表示によって形成された法律行為に基づいて新たに利害関係を有するに至った者である。例えば，Aが自己所有の甲土地を錯誤によってBに売却した後，BがCに転売した場合のCが第三者である。善意・無過失とは，表意者Aが錯誤に陥っていたことを知らずかつ注意してもわからなかった者である。Cが善意・無過失である限り，AはCに対して錯誤による売却の意思表示の取消しを主張できない結果，Cは保護される。虚偽である意思表示を自らあえて意識的に作出した虚偽表示とは異なり，無意識の勘違いである錯誤の表意者Aの帰責性は虚偽表示よりも軽いことから，第三者Cには無過失が要求されている。錯誤と第三者の問題は，詐欺と第三者の問題と同様であり，後者において，判例は，Cが取消前に登場したか，取消後に登場したかによって，区別して処理しており，次節で詳しく解説する（後述）。

5 詐欺による意思表示

1 詐欺による意思表示の意義・要件

詐欺による意思表示とは，他人に欺罔されて錯誤に陥り，その結果としてなされた意思表示をいう。すなわち，他人にだまされて行った意思表示である。

> 【設例6】 Aは，Bから最寄りの駅が近々廃止になるため地価が下がるとだまされて，自己の所有である甲地を急いでBに安価で売ってしまった。Aは，Bに対して売買契約を取り消すことができるか。

【設例6】の場合，Aには他人Bの欺罔行為によって駅が廃止になって地価が下がるとの動機が生じ，Aは，その誤った動機に導かれて甲地を売る意思決定を行い売却の意思表示を行っている。この場合の錯誤は，事実誤認であり，動機の錯誤である。詐欺の場合の表意者に生じる錯誤は，意思の不存在の錯誤の場合もありうるが，多くは，動機の錯誤である。すなわち，他人の違法な欺罔行為によって，表意者に誤った動機（事実の誤認・誤解など）が形成され，その動機の錯誤に基づいて，意思決定（効果意思の形成）が行われ，相手方に意思が表示されるのである。

(1) 2段の故意

詐欺を認定するには，2段の故意が必要とされている。その第1は，詐欺者が他人を欺罔して錯誤に陥らせようとする故意である。例えば，近くに新駅ができないことを知っているにもかかわらず，相手方が勘違いすることを認識しながら，あえて新駅ができて値上がりすると信じこませる場合である。しかし，例えば，祭りの見せ物や健康食品の誇大広告など，詐欺者が偽りの情報や行為であることを認識していても，相手方が錯誤に陥らないことを期待して行為を行った場合には，いまだ冗談または誇大広告にすぎず，詐欺とまではいえないとされている（ただし，後述のように消費者契約法の4条などの該当可能性はある）。

2段の故意の第2は，詐欺者が，相手方にその錯誤によって意思表示をさせようとする故意である。例えば，新聞の捏造記事などは，第1の故意があっても，通常は，第2の故意がないから，その記事によって錯誤を生じて意思表示をした者がいたとしても，新聞社の詐欺とはいえないとされている。また，生命保険契約の締結の際，被保険者がその既往症を黙認あるいはそれにつき虚偽の告知をした場合でも，保険会社を錯誤に陥らせ，それによって契約締結の意思を決定させるという第2の故意がない限り，詐欺に該当しないと解されている（大判大6・9・6民録23・1319，大判大11・2・6民集1・13）。

(2) 違法な欺罔行為

欺罔行為とは，相手方をだまして誤った判断を相手方に生じさせる行為であり，積極的に虚偽の事実を陳述する場合だけでなく，消極的に真の事実を隠すことも欺罔行為となりうる。ただし，すべての欺罔行為が詐欺になるのではなく，社会的に許されない違法なものであることが必要である。

Column **沈黙も違法な欺罔行為に該当するか**

詐欺者が沈黙していても，相手方の不知を利用し沈黙によって錯誤に陥らせるか，または，相手方が現に錯誤に陥っているときに，沈黙によってさらにその程度を深めることは，それ自体違法な欺罔行為になると解されている。社会生活においては，他人の不知や錯誤を知りながら，自分の利益のため，真実を告げないことは，個人の自由行動の範囲内のものとしてある程度は許容されるべきともいえるから，沈黙は常に

違法な欺罔行為になるとはいえないが、特に、法律、契約、取引の慣習、信義則によって真実を告げるべき義務を負う場合には、認められるといってよい。また、黙秘した事実を自分が直接関与して作りだした場合には、告知義務が生じ、違法な欺罔行為になるとされている。例えば、不動産所有者が自己の不動産に抵当権が設定・登記されていることを知りながら黙秘して高額で売却した場合に詐欺が認められている（大判昭16・11・18法学11・617）。

ただし、沈黙の場合には、被詐欺者が詐欺者の二段の故意を立証することは困難であろうが、その立証を軽減するために、事実に関する情報を相手方が保有しないこと及びその情報が相手方にとって重要であることを認識して秘匿した場合には、詐欺の故意を認定すべきである。

(3) 2段の因果関係

詐欺者の欺罔行為と表意者の錯誤の間に、もし欺罔行為がなかったならば、そのような錯誤が生じなかったであろうという因果関係、さらには、表意者の錯誤と意思表示との間に、もし錯誤がなかったならば、その意思表示をしなかったであろうという因果関係が必要である。なお、ここでの錯誤には、95条のように、表意者の主観的重要性に加えて、取引の通常人の判断を基準とする客観的重要性は必要ないとされている。

2 第三者による詐欺（96条2項）

第三者による詐欺とは、表意者の直接の相手方ではなく、第三者が表意者に対して欺罔行為を行った場合であり、相手方がその事実を知り、または知ることができたときに限り、表意者は、その意思表示を取り消すことができる（96条2項）。

相手方の知らない第三者が勝手に表意者に欺罔行為を行った場合には、相手方には全く責任はないので、本来契約は有効である。これに対して、相手方が第三者の欺罔行為を知っていた（悪意）または知ることができた（有過失）場合

図5-3　第三者詐欺

には，相手方が詐欺を行う場合に準じて，表意者を保護するものである。

3　詐欺による意思表示の効果
　詐欺による意思表示は，取り消すことができる（96条1項）。詐欺の効果は，95条の錯誤と同様に，詐欺の被害者である表意者に取消権が与えられることである。取消しは，詐欺を受けた本人またはその代理人もしくは承継人に限り行うことができ（120条2項），表意者が詐欺を理由に法律行為を取り消した場合には，法律行為は初めから無効であったものとみなされる（121条）。したがって，取消しが行われれば，法律行為は当初から無効として扱われる（取消の遡及効）。追認，期間制限なども錯誤と同様である。錯誤と詐欺との関係については，これまでも両者が重複する場面において，表意者は，錯誤を主張しても，詐欺を主張しても，両方主張してもよいとされている。いずれにしても，その主張は，両者ともに取消しの主張である。

4　詐欺による取消と第三者との関係
　詐欺による意思表示の取消しは，善意でかつ過失がない第三者に対抗することができない（96条3項）。第三者とは，詐欺による意思表示によって生じた法律関係に基づいて，新たに独立した利害関係を有するに至った者をいう。例えば，AがBの詐欺によって自己所有の甲土地をBに売却した後，BがCに転売した場合のCが第三者である。善意・無過失とは，表意者が詐欺にあっていたことを知らずかつ注意してもわからなかった場合である。第三者との関係について，不動産取引において判例は，ⓐ第三者が取消前に登場する場合と，ⓑ取消後に登場する場合とに区別して処理している。

(1)　取消し前の第三者
　例えば，Aが詐欺による意思表示の取消しを行う前に，第三者Cが登場してBから不動産を譲り受けた場合である。
　AがAB間の売買契約を取り消せば，AB間の売買契約は初めから無効であったものとみなされるから（121条，取消の遡及効），契約時に遡ってAからBには所有権が移転しなかったことになる。したがって，Bは，初めから無権利者となる。次に，Bが無権利者であれば，その承継人であるCもBの地位

図5-4 詐欺による取消し前の第三者

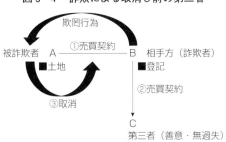

をそのまま引き継ぐので無権利者となる（権利のない者から権利を譲り受けることはできない＝**無権利の法理**）。しかし、96条3項は、詐欺による意思表示の取消しは、善意・無過失の第三者には対抗できないと規定しているから、Aは、善意・無過失のCには、AB間の取消しの効果（遡及的無効）を主張できないことになり、取消しの遡及効が制限される（取引の安全の確保）。この際、第三者が保護されるために、権利資格保護要件として登記の具備を必要とする説もあるが、判例は、不要と解している（最判昭49・9・26民集28・6・1213）。

なお、詐欺・錯誤以外の取消しの場合（制限行為能力者の取消しや強迫による取消し）には、善意・無過失の第三者保護規定はないことから、①の「取消しの遡及効」が貫徹されて、Cは、たとえ善意・無過失でも保護されない。すなわち、Aが取り消せば、常にAは権利を取り戻すことができることになる（制限行為能力者や被強迫者の保護の要請が強い）。

(2) **取消し後の第三者**

Aが詐欺による意思表示の取消しを行った後に、第三者Cが登場してBから不動産を譲り受けた場合である。

AがAB間の売買契約を取り消せば、AB間の売買契約は初めから無効であったものとみなされる（121条、取消の遡及効）から、契約時に遡ってAからBには所有権が移転しなかったことになる。したがって、Bは無権利者となるはずである。しかし、一旦Bに所有権が移転し、Bに登記が移転していた場合には、BからAに所有権を復帰し登記を戻さなければならないことになる。これは、BからAへの復帰的物権変動と解することができる。ところが、その後BがCに売買契約によって所有権を移転させていることから、BからA

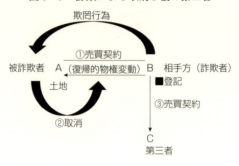

図5-5 詐欺による取消し後の第三者

への復帰的物権変動とBからCへの通常の物権変動という，いわば「二重譲渡類似の関係」と捉えることができる。そして，二重譲渡問題に関しては，177条によって，登記を先に備えた方が第三者に対抗できることから，Aが先にBから登記を取り戻せばAが優先し，CがBから先に登記の移転を受ければ，Cが優先することになる。なお，177条は，不動産の二重譲渡問題に適用されるルールであり，第三者は，その譲受が後であっても先に登記を取得すれば，悪意者（先に不動産を取得した者がいることを知っていた者）であっても，背信的悪意者でない限り，対抗力を有する（優先する）と解されている（大判昭17・9・30民集21・911）。これは，177条が，先に譲り受けた者が登記をすぐに備えて自分の権利を保全すべきなのに，それを怠っている間に，第三者が登場して登記を備えたのであれば，自由競争主義を採っているわが国では，たとえ第三者が悪意者であっても第三者を優先させてもやむを得ないという価値判断である。

　取消後の第三者の場合においても，Aが取消したのであれば，第三者Cが登場する前に，Aはすぐに登記を取り戻して権利を保全すべきなのに，それを怠っている間に，第三者Cが登場して先に登記を備えたときには，二重譲渡の場合と同様の状況にあることから，判例は，Cが，AがBの欺罔行為によって詐欺にあったことを知っていても（Cが悪意者であっても），保護しているのである。

　なお，この状況は，詐欺以外の取消しの場合（制限行為能力者の取消しや強迫による取消し）においても，同じであることから，判例は，取消後の第三者の

場合には，詐欺の場合と同様に，すべて二重譲渡類似の関係として対抗問題で処理している（第三者の善意悪意，過失の有無にかからず，登記を備えた方が優先する）。

6　強迫による意思表示

1　強迫による意思表示の意義・要件

　強迫による意思表示とは，他人から害悪を加えられるなどして，表意者が恐怖心を抱き畏怖して行った意思表示である。他人の害悪の告知などによって，表意者の意思形成の過程に悪影響を及ぼし，ゆがんだ意思決定が行われる点で瑕疵ある意思表示と位置づけられている。詐欺と同じく，二段の故意が必要とされている（大判昭11・11・21民集15・2072，大判昭12・12・21判決全集5・3・4）。

> 【設例7】　AがBに腕こぶしや腕力を見せつけられて怖くなり，自分の甲土地をBにやむをえず安価で譲渡した場合，AはBに対して売買契約を取り消すことができるか。

(1)　2段の故意

　第1として，強迫者が害悪を告知するなどして表意者に恐怖心を生じさせようとする故意が必要である。自己の行為が相手方にとって害悪の告知であることを知り，かつ相手方がこれによって恐怖心の念を起こすことが可能であるとの認識を有しながら，あえて行うことである。例えば，表意者に対して暴力的な言葉を発すれば畏怖することをわかりながらあえて行うのみならず，【設例7】のように，言葉ではなく腕力を見せつければ，表意者が畏怖することを認識しながらあえて行うこともこれにあたる。

　第2として，相手方が恐怖心によって一定の意思表示をするであろうことを強迫者が認識しながら，あえてそれを意欲して脅かそうとする故意である。【設例7】であれば，Bが腕力を見せつければAが恐怖を抱き，Aがその恐怖心に基づいて土地をBに譲渡する意思表示を行うことをわかりながらあえて行うことである。

(2) 違法な強迫行為

　2段の故意に加えて，違法な強迫行為が必要である。強迫された者の生命・身体・財産・名誉・自由・信用等に関する害悪行為はもちろん，その近親者，友人に対して危害を加える旨を告知する害悪行為でもよい。強迫行為の方法には制限がなく，口頭はもちろん，書面でもメールなどでもよい。沈黙も場合によっては強迫行為になりうる。例えば，握りこぶしを見せる，殴るような気配を示す，無言の圧力を加える場合などである。すでに危難におちいっている者を救助しないこと（すでに生じている恐怖心を利用すること）も，その害悪を自分の力で防止すべき地位にある者がこれを防止しない旨を告げる場合には，強迫になると解されている。

　強迫された者がどの程度恐怖心をもっておびえることが必要なのか問題となるが，完全に意思選択の自由を失うという程度におびえていることは必要でないとされている（最判昭33・7・1民集12・11・1601労働組合員不動産譲渡強迫暴行事件）。なお，日本刀などを突き付けられて抵抗の自由がまったく奪われたときなどは，もはや完全に意思は拘束されているから，意思無能力者の行為と同様に，無効と解すべきである（民法3条の2）。

　違法性の判断に関しては，第1に，正当な権利行使，社会的に許容される程度の行為かどうか（社会的正当性・許容性）を判断する。例えば，債務を履行しなければ裁判所に訴える，賃上げに応じなければストライキをするというのは，正当な権利の行使であり，申し込みに応じなければ将来取引しないというのも，取引の自由から原則として違法ではないとされている。このほか，従業員が横領しているのでその身元保証人に告訴すると告げて損害を認めさせ，準消費貸借証書を差し入れさせた場合なども違法性がないとされている（大判昭4・1・23新聞2945・14）。第2に，正当な権利行使の行為であっても，その目的が不当な場合かどうか（目的の正当性）である。例えば，取締役の不正行為を告発するとおどして，不当に利得を得ようとして，会社に株を不当に高額で買わせた場合には，違法性が認められる（大判大6・9・20民録23・1360）。また，結婚しなければ不正行為を告発するなど，他人の自由な意思決定に不当な干渉になる場合も，その目的の不当性から，違法性がある。第3に，目的が正当でも，その方法や手段が不当であるかどうか（方法・手段の正当性）である。

例えば，返済しなれば殺すという場合は，返済の請求自体は正当だが，手段が不当であり，違法性が認められる。巡査に頼んで不当に訊問・強要・威嚇させて詐欺事実を認めさせ，損害賠償を約束させる行為などは賠償額が不当でなくても，違法性が認められている（大判大14・11・9民集4・545，福岡高判昭29・5・18下民集5・5・720）。

(3) 2段の因果関係

強迫者の強迫行為と表意者の畏怖の間に，もし強迫行為がなかったならば，畏怖が生じなかったであろうという因果関係，さらには，表意者の畏怖と意思表示との間に，もし畏怖がなかったならば，その意思表示をしなかったであろうという因果関係が必要である。したがって，畏怖しなかったとしても，意思表示を行ったといえるような場合には，因果関係が認められないから，強迫による意思表示ではない。

2　強迫による意思表示の効果

強迫による意思表示は，取り消すことができる（96条1項）。詐欺とは異なる点は以下のとおりである。第1に，第三者による強迫の場合には，96条2項の第三者詐欺のような条文はなく，相手方が強迫の事実を知らない場合であっても，取り消すことができる（96条2項の反対解釈）。第2に，善意・無過失の第三者に対しても，強迫による意思表示の取消しを対抗できる（同条3項の反対解釈）。

だまされた者よりも強迫された者を厚く保護するのは，詐欺よりも強迫の方が，被害者の意思決定の瑕疵の程度が深いからである。すなわち，だまされた者は，行為のときに法的効果を欲していて後でしまったという心理状態であるのに対して，脅された者は，売却行為などをしたくないのに恐ろしくて嫌々ながら行わざるをえないという心理状態と評価されているからである。この点，詐欺の場合には，だまされている側に落ち度がある場合が少なくないとし，強迫の場合には，強迫を受けた側には何ら落ち度がないから差異が設けられているとの考え方がある。しかし，詐欺に該当する場合には，あくまでだます側が悪いのであり，だまされた被害者側にも落ち度があるという見方は，むしろ詐欺を容認・助長しかねない考え方であり，信義誠実の原則（1条2項）からも

賛成しがたい。

　なお，詐欺・強迫は，ともに不法行為として損害賠償請求権を発生させる場合が多い（709条）。

3　強迫による取消しと第三者との関係

　詐欺については，詐欺による意思表示の取消しは，善意でかつ過失がない第三者に対抗することができないとの規定（96条3項）があるのに対して，強迫による意思表示の取消しの場合には，善意・無過失の第三者を保護する規定がない。このことから，強迫された者は，すべての第三者に対して取消しを主張できるようにみえるが，必ずしもそうではない。

　判例は，詐欺と同じように，取消し前の第三者と取消後の第三者で区別して処理している。取消前の第三者については，まず，詐欺のように96条3項による121条の取消遡及効の制限規定がないことから，強迫されたAがAB間の売買契約を取り消せば，遡及効が貫徹されて，強迫者Bは，初めから無権利者となり，無権利の法理から第三者Cも無権利者となり，AはCに所有権を主張できる。これに対して，取消し後の第三者の場合は，不動産取引においては，詐欺・制限無能力者と同じように177条の対抗問題として処理され，Aは，Cよりも先に登記を取得すれば所有権をCに対抗できるが，Cが先に登記を取得すれば，Cに対抗できない（詐欺取消しと第三者の解説を参照）。

7　詐欺・強迫要件の消費者契約法による緩和

　世間では，それは詐欺だ，強迫だとよく言うかもしれないが，被害者側が詐欺や強迫の要件である加害者の2段の故意などを立証するのは相当困難である。そこで，特に，事業者と消費者間の契約については，両者の情報の質及び量，交渉力の格差などに鑑み，消費者の立証責任を緩和するために，消費者契約法において，詐欺または強迫の特則として，特別の規定（**誤認類型・困惑類型**）を設けている。

　まず，**誤認類型**として，事業者が，消費者に対して，契約の重要事項について，①事実と異なることを告げた場合（**不実の告知**），②消費者の利益となる旨

を告げかつ不利益となる事実を告げなかった場合（**不利益事実の不告知**）のほか，③将来の価額など不確実な事項について断定的な判断を提供した場合（**断定的判断の提供**）に，消費者が誤認をして意思を表示したときには，その意思表示を取り消すことができる（消費者契約法4条1項，2項）。例えば，業者が中古車の走行距離を実際よりも短く告げて契約させた場合，日照眺望がよいと告げて契約させたのに数か月後眼前にマンションが建った場合，必ずもうかると告げて金融商品の購入を契約させた場合などである。

次に，**困惑類型**として，事業者が，消費者を勧誘するときに，消費者の住居や勤務先などから退去しない場合（**不退去**）や消費者を勧誘場所から退去させなかった場合（**退去妨害**）のほか，若者や高齢者の就職・結婚・生活の維持等に関する不安をあおった場合（**あおり行為**）などに，消費者を困惑させて，意思表示をさせたときには，消費者はその意思表示を取り消すことができる（同法4条3項）。例えば，必要がないから帰ってくれと言われているのに帰らない場合，消費者が事業所から帰りたいと言っているにもかかわらず帰らせないで契約させた場合，就活がうまくいっていない学生にこのままではいくらやっても成功しないと不安をあおって就職セミナーの受講契約をさせた場合などである。これらの具体的な類型に該当する事実があったことを消費者が立証すれば，事業者の詐欺・強迫の2段の故意を立証できなくても，当該消費者契約を取り消すことができるのである。

8　意思表示の効力

1　意思表示の効力発生時期

意思表示は，その通知が相手方に到達した時からその効力を生ずる（97条1項）。意思表示は，意思の口頭発声や手紙の執筆等での「表白」によって一応完了し，相手方のある意思表示は，相手方にその意思表示が発信され到達して了知可能になったときに効力が発生するのである（**到達主義**）。相手方のない意思表示（単独行為）は，「表白の時点」で効力が発生する。ただし，遺言は，遺言書を書いた時に意思を表白したことになるが，効力の発生は遺言者が死亡した時であるので例外である（985条1項）。なお，意思表示は，到達するまでは

効力が発生していないことから，それまでは撤回することができる（97条1項の反対解釈）。

対話者間の意思表示については，相互の意思の表白が終われば，その場で直ちに相手方にその内容が伝達される（到達する）ので，相互の表白時にすぐに効力が発生することになる。これに対して，隔地者間の意思表示の場合には，例えば，手紙で取引する場合などには，①意思の表白（手紙を書く）⇒②発信（手紙のポストへの投函）⇒③配達（手紙の受領）⇒④了知（読了）の各段階がある。意思表示の到達が④の了知段階とすれば，いつになるかわからないので不安定であり，受領者が了知を故意に遅らせることが可能となり不当である。意思表示の到達とは，その意思内容について支配を取得することであり，また，基準の明確性からも，隔地者間の意思表示の場合には，③の手紙を受領した時（ポストに投函されて了知可能になったとき）と解すべきである。社長の娘がたまたま事務所に遊びに来ていた間に手紙を受け取って社長の机の中に入れ，社員に告げずに帰ってしまった場合にも，受領時に到達が認められている（最判昭36・4・20民集15・4・774社長令嬢催告書受領事件）。

相手方が正当な理由なく意思表示の通知が到達することを妨げたときは，その通知は，通常到達すべきであった時に到達したものとみなされる（97条2項）。夫への賃料支払催告の内容証明郵便等が数回送達したにもかかわらずその受領を内縁の妻が拒絶した場合でも，到達したものとされている（大判昭11・2・14民集15・158内縁妻内容証明郵便受領拒絶事件）。

2　表意者の死亡・能力の喪失

意思表示は，表意者が通知を発した後に死亡し，意思能力を喪失し，又は行為能力の制限を受けたときであっても，そのためにその効力を妨げられない（97条3項）。表意者の意思表示は，原則として，表白によって一応完成していることから，表意者が死亡，意思無能力者・制限行為能力者になっても，原則として，意思表示の効力に影響はない。しかし，契約においては，特則がある。契約の申込者が，予めそれらの事実が生じたとすれば意思表示を無効とする意思を表示していた場合，または，それらの事実を相手方が承諾前に知っていた場合は，これを適用しない（526条）。したがって，申込者の意思や相手方

が当該事情を知っていたか否かによって，効力は異なってくる。

3 公示による意思表示

　意思表示は，①表意者が相手方を知ることができないとき（相手方不明），または，②相手方は知っているがその所在を知ることができないとき（相手方行方不明）は，公示の方法によってすることができる（98条1項）。①の場合は，例えば，相手方が死亡して相続人がわからない場合であり，公示による意思表示の申し立ては，表意者自身の住所地の簡易裁判所に行う。②の場合は，相手方は誰かわかっているので，相手方の最後の住所地の簡易裁判所に対して行う（同条4項）。公示の方法とは，公示送達に関する民事訴訟法の規定（111条）に従い，裁判所の掲示場に掲示し，かつ，その掲示があったことを官報に少なくとも1回掲載して行うか，裁判所が相当と認めるときは，官報への掲載に代えて，市役所，区役所，市町村役場等の掲示場に掲示すべきことを命ずることができる（98条2項）。公示による意思表示は，表意者が相手方不明又は相手方行方不明について過失がない限り，最後の官報掲載日又は掲示開始日から2週間経過した時に相手方に到達したものとみなされる（98条3項）。

4 意思表示の受領能力

　意思表示が到達しても，相手方が了知可能な状態でなければならない。すなわち，相手方に意思表示の内容を理解できる能力がなければならない。幼児や認知症の患者に届けても，到達したからといって意思表示の効力を生じさせるのは誰の目から見ても適切ではない。意思表示の相手方が，意思表示を受けたとき，意思無能力者，未成年者，成年被後見人であったときは，表意者は，その意思表示をもってその相手方に対抗することはできない。ただし，相手方の法定代理人がその意思表示を知った後のほか，相手方が意思能力を回復してその意思表示を知った後，行為能力者となってその意思表示を知った後は，法定代理人または相手方本人がその意思表示の内容を理解できるから，表意者は，相手方に対抗できる（98条の2）。

> 木を見る：復習問題

1. 意思表示の構造を説明しなさい。
2. 心裡留保と虚偽表示のちがいを説明しなさい。
3. 動機の錯誤のうち基礎事情の錯誤を説明しなさい。
4. 詐欺による取消しと第三者，強迫による取消しと第三者の違いを説明しなさい。

📖 おすすめ文献

①髙森八四郎『法律行為論の研究』（関西大学出版部，1991年）。
　髙森教授の法律行為に関する論文集である。特に錯誤に関しては，当時の最先端の研究成果が掲載されており，現在でも民法の教科書や判例百選などで引用されている。錯誤に関心のある読者にはぜひ読んでもらいたい。

②山本敬三『民法講義Ⅰ総則〔第3版〕』（有斐閣，2011年）。
　論点に関して学説の整理をしながら深く追究している教科書である（ただし，債権法改正前の執筆）。錯誤に関する髙森教授の学説も「新二元論」として紹介されており，ステップアップするのに適した本である。

③山口志保編『消費者法これだけは〔新版〕』（法律文化社，2024年）。
　事業者と消費者の契約では，民法の錯誤・詐欺・強迫の規定のほか，消費者契約法などの適用があることは本論で記述したが，消費者法に関しては，本書がコンパクトでわかりやすく解説しているので参照されたい。

第6章 法律行為3——代理

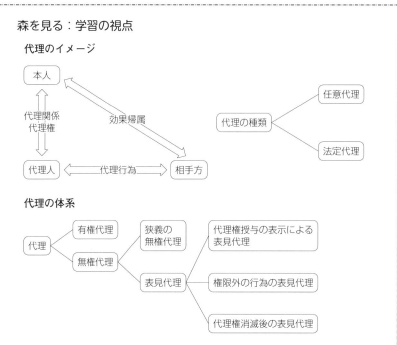

　本章では，代理について学ぶ。代理とは，本人の代わりに代理人が相手方に意思表示をすることによってその効果を本人に帰属させるという制度である。ここでは，まず代理総論として，代理の意義，種類，代理権，代理行為などの基本事項について，民法の規定にしたがってしっかりと修得しよう。その上で，無権代理と表見代理について，判例も意識しながら学んでほしい。

1 代理（代理総論）

1 代理とは

【設例1】 Aがパソコンを購入する際に，友人Bに頼んで家電店Cで代わりに購入してもらう。この契約の当事者は誰になるだろうか。

(1) 意 義

代理とは，ある者が相手に対して行った意思表示の効力を他の者に帰属させる制度である。意思表示する者を「**代理人**」，意思表示の相手を「**相手方**」，意思表示の効力が帰属する者を「**本人**」という（代理の三面関係）。つまり，代理とは，代理人が本人に代わり相手方に対して意思表示をし，相手方から意思表示を受けることにより，その効果を本人に帰属させる制度である。【設例1】では，Aが本人，友人Bが代理人，家電店Cが相手方となる。そして，代理人Bが本人Aのために相手方Cに対しパソコン購入の意思表示を行い，相手方Cからパソコン売却の意思表示を受領することにより，本人Aと相手方Cの間で売買契約が成立し，本人Aはパソコンを取得することができる。

(2) 要 件

代理が有効に成立するためには，以下の要件を満たさねばならない（99条）。

①**代理権**があること　まず代理人が代理権を有することが必要である。任意代理の場合は本人から任意代理権が授与されること，法定代理の場合は法定代理権が法律に規定されていることが必要である。【設例1】では，代理人Bには本人Aから授与されたパソコン売買に関する任意代理権がある。

②**代理行為**を行うこと　代理人が代理権の範囲内で代理行為を行うことが必要である。【設例1】では，代理人Bはパソコン購入の意思表示を相手方Cに行い，相手方Cから売却の意思表示を受領することによって代理行為（パソコン売買契約）を行っている。

③**顕名**すること　代理人は代理行為に際して本人のためにすることを相手方に示さなければならない。これを顕名という。顕名せずに代理行為をした場合には，代理人が自己のためにした行為とみなされる（100条）。【設例1】で

は，代理人Bは本人Aのためにパソコンを購入することを相手方Cに対して示さなければならない。

(3) 効 果

代理人がその権限内において本人のためにすることを示してした意思表示は，本人に対して直接その効力を生ずる（99条1項）。【設例1】では，代理人Bが上記要件を満たして有効に代理行為を行えば，パソコン売買契約がAC間で成立し，その効果として本人Aに権利義務が帰属することになる。すなわち，本人Aがパソコンの所有権を取得し，その代金を支払う義務を負う。

(4) 代理の機能（存在意義）

代理制度には，私的自治の拡張と補充という2つの機能がある。

①私的自治の拡張機能

> 【設例2】 Aは自己所有の甲土地を売却したいが忙しかったため自分で契約をすることが難しい。そこでAは不動産業者Bに甲土地売却の代理権を与えた。

私人は自己の意思に従って自由に法律関係を形成でき，自己が意思決定した行為の責任を負わねばならない。これは私的自治の原則という近代私法の大原則である。この私的自治の原則から派生する考え方が，契約自由の原則である。しかし，私人が自分だけで様々な事柄について意思決定し，行動するには限界がある。特に契約など法律行為においては，法律関係が複雑かつ広範囲になることが多いため，自己に代わって他人に法律行為をしてもらう必要性が出てくる。そこで代理制度を利用して，本人が代理人に自己の代わりに法律行為をしてもらうことにより，自己の行動範囲を拡大することができる。つまり，代理には私的自治を拡張する機能がある。特に任意代理がこの機能を有している。【設例2】では，本人AがBに甲土地売却の任意代理権を授与し，Bが代理人となって本人Aの代わりに買主との間で甲土地の売買契約を行うことができる。つまり，代理制度を利用することにより，Aが自分ではできなかった行動（不動産売買）の範囲が拡大したといえる。

②私的自治の補充機能

> 【設例3】 幼児Aは虫歯になったが自分で歯医者に行って治療契約を締結する能力はない。そこで母親BがAを歯医者Cに連れて行き治療契約をする。

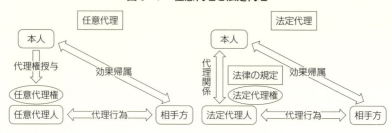

図6-1 任意代理と法定代理

　意思無能力者（幼児・重度の認知症患者など）や制限行為能力者（未成年者や成年被後見人など）は、権利能力を有しているが、単独で完全に有効な法律行為をすることができない。そこで、これらの者に代わって別の者が法律行為を行うことによって、その能力不足を補う必要性がある。つまり、代理には私的自治を補充する機能もある。特に法定代理がこの機能を有している。【設例3】では、幼児Aは意思無能力者なので、自分で歯医者Cと治療契約を締結することはできない。そこで、母親Bが本人Aの法定代理人として歯医者Cに対してAの虫歯を治療してほしい旨の意思表示をして治療契約をすることにより、Aは虫歯の治療を受けることができる。つまり、代理制度により、Aの能力不足（行為能力の制限）が補われたといえる。

(5) **代理の種類**

　①**任意代理と法定代理**　　**任意代理**とは本人の意思に基づいて代理人に代理権が与えられる場合をいう。任意代理では、代理人は本人の委託を受けて任意代理人となり、任意代理人の任意代理権とその範囲は本人の意思（どのような法律行為を依頼したか）によって定まる。【設例2】では、本人Aは甲土地の売却権限を代理人Bに与え（代理権授与）、代理人Bは与えられた代理権に基づいて相手方Cとの間で甲土地売却の意思表示を行い（代理行為）、その効果は本人Aに帰属することになる（効果帰属）。

　法定代理とは、本人の意思に基づかず法律の規定によって代理権が生じる場合をいう。例えば、不在者の財産管理（25条以下）、親権（818条）、などによる代理である。法定代理は、本人の意思に基づかないものであり（【設例3】でAがBに歯医者に連れていってほしいと依頼したかどうかにかかわらない）、法定代理

第6章　法律行為3

図6-2　能働代理と受働代理

権の範囲も法律によって定まっている。【設例3】では，民法の規定によって法定代理人となっている母親Bが本人Aに代わって歯医者Cに対して虫歯治療に関する意思表示を行い（代理行為），虫歯治療を受けて治療代を払うという効果は本人Aに帰属する（効果帰属）。

②**能働代理と受働代理**　**能働代理**とは，代理人が本人に代わって相手方に対して意思表示する場合をいう（99条1項）。**受働代理**とは代理人が本人に代わって相手方の意思表示を受ける場合をいう（2項）。通常，契約に際して，代理人はどちらも行うことになる。【設例2】では，代理人Bは甲土地売却の意思表示を行い（能動代理），相手方から購入の意思表示を受領する（受働代理）ことによって甲土地売買契約（法律行為）が成立し，本人Aに効果が帰属することになる。

③**有権代理・無権代理・表見代理**　代理には大きく有権代理と無権代理の形態がある。**有権代理**とは正当な代理権を有している代理人が代理権の範囲内で代理行為を行うことをいう。一方，無権代理とは代理権がないのに代理人と称する者が代理行為を行うことをいう。この無権代理にはさらに次の2つの形態がある。1つが**狭義の無権代理**である。これは代理人と称する者がまったく代理権を有していない場合である。もう1つが**表見代理**である。これは無権代理の一形態であるが，本人と無権代理人との間に特殊密接な関係があるために代理権があるかのような外観を有しており，一定の要件を満たせば，本人について代理権が真実存在するのと同様の効果を発生させる制度である。

④**共同代理**　**共同代理**とは，複数の代理人がおり，すべての代理人が共同して代理行為を行わねばならない場合をいう。例えば，親権者である父母は，その子について親権を行使する際，原則として共同で行わなければならない（818条3項）。もし各代理人が単独で代理行為をした場合は無権代理となる。

(6) 代理と類似の制度

代理に類似する制度として以下のものが挙げられる。

①代　表　　法人は観念的存在であり現実には法人自体が契約などの行為をすることができない。そこで，法人の代表機関である理事などが法人の行為を代わって行う必要がある。これを**代表**という。例えば，株式会社の取締役は会社（営利法人）を代表し（会社法349条），一般社団法人や一般財団法人の理事は法人を代表する（一般社団法人及び一般財団法人に関する法律77条，197条）。代表による行為は本人である法人に帰属するという点では代理と同様である。しかし，法人の代表は包括的な権限を有しているという点で任意代理とは異なる。また，代表では代表機関の行為自体が法人の行為とみなされる点も代理とは異なる。したがって，代表は代理とは区別されているが，実際上の差異はないとも説かれている。例えば，法人Aにおいて代表理事に任命されたBが取引相手方Cに対して物品仕入契約の意思表示をした場合，その効果は法人Aに帰属する（なお，法人については第2章参照）。

②問屋（間接代理）　　問屋とは，自己の名において，他人のために物品の販売や買入れなどを行うことを業とする者である（商法551条）。**間接代理**とも呼ばれる。問屋は，他人のために物品の販売や買入れなどの法律行為を行うのであるが，「自己の名」をもってこれを行い，その効果は問屋自身に帰属するのであり，これをあらためて本人に移転する必要がある。つまり，法律行為の当事者（効果が帰属する主体）は問屋であって，本人ではない（同法552条1項）。これに対して，代理は「本人の名」において代理行為を行い，その効果は本人に帰属する点で問屋とは異なっている。

③使　者　　使者とは，本人が決定した意思を相手方に表示したり，本人が決定した意思を伝達する者をいう。例えば，本人の意思を相手方に口上で表示したり（表示機関），本人の意思を記載した書面を相手方に持参するような者（伝達機関）が使者である。代理では効果意思を代理人が決定するのに対して，使者では効果意思は本人によって決定されており，使者は単にこれを相手方に表示または伝達するにすぎない。この点で代理と使者は異なっている。つまり，使者は本人の作成した手紙などを持参し，本人の口上をそのまま相手方に口伝するだけなので裁量の余地はない。一方，代理人は自己の意思表示の内容

を決定できるので裁量権がある。なお，使者が本人の意思とは異なる内容を相手方に伝達してしまった場合は，本人の意思と表示の不一致があるので錯誤の問題として処理される。例えば，本人Aが甲土地を買いたいと考えて，Bを使者として任命し，「甲土地を買う」という意思を甲土地の所有者Cに伝達するよう依頼したところ，Bが「乙土地を買いたい」と誤ってCに伝えてしまったような場合である。この場合，本人Aの表示上の錯誤の問題として処理されることになる。

(7) 代理が認められない場合

代理は契約など法律行為に関する制度であり，事実行為や不法行為（709条以下）について代理はかかわらない。また，本人自身が意思決定をすることが必要な行為についても代理で行うことは認められない。例えば，婚姻，子の認知，遺言などの身分行為は，本人自身の意思決定が必要であり，他人が代わりに行うことは許されない。こうした行為を「代理に親しまない行為」という。

2 代理権

(1) 代理権の意義

代理権とは，代理人が本人の名において相手方に意思表示をし，または，相手方から意思表示を受けることによって，本人に代理行為の効果を帰属させる権限をいう。代理権がなければ代理行為の効果は本人に帰属せず，後述する無権代理となる。

(2) 代理権の発生

代理権がどのように発生するかについては任意代理と法定代理で異なる。

①任意代理の場合

【設例4】　Aは自己所有の甲土地を売却したいが不動産取引の経験がないため自分で契約をすることができないので，不動産業者Bに売却を頼みたい。

任意代理では，本人の意思に基づき，代理人への「**代理権授与行為**」がなされることによって**任意代理権**が発生する。任意代理人は本人から与えられた代理権の範囲内で本人のために代理行為を行うことによりその効果が本人に帰属することになる。【設例4】では，本人Aが不動産業者Bに対して「甲土地の

売却権限を授与」することによってＢの任意代理権が発生する。これにより，Ｂは任意代理人として本人Ａのために買主に対して甲土地売却の意思表示を行い，売買契約の効果を本人Ａに帰属させることができる。なお，民法は「委任による代理」（104条）と規定して，委任と代理を密接不可分なものとしているかのようである。しかし，代理は代理人が相手方と行為をし，その行為の効果を本人に直接帰属させる関係をいうのに対し，委任は受任者が委任者の事務を処理する契約であって，もっぱら委任者と受任者の内部的関係にほかならない。したがって，代理権は委任から発生することが多いとはいえ，雇用・請負・組合などの契約からも発生することが肯定されている。

②法定代理の場合

> 【設例５】 中学生Ａは学習用のパソコンが必要になったが高額な買物をするのは不安なので，母親Ｂが代わりに家電店Ｃでパソコンを購入する。

　法定代理では，本人の意思ではなく「法律の規定」によって法定代理権が発生する。法定代理人は法律に規定された代理権の範囲内で本人のために代理行為を行うことによりその効果が本人に帰属することになる。【設例５】では，本人Ａは未成年者なので母親Ｂが法定代理人としてＡのために法律行為をする法定代理権を有している。すなわち，法定代理人Ｂは本人Ａの代わりに相手方である家電店Ｃに対してパソコン購入の意思表示を行い，売買契約の効果を本人Ａに帰属させることができる。法定代理権が発生する場合として次の３つが挙げられる。(i)本人との間で一定の身分関係にある者が法律上当然に代理人となる場合（親権者818条など），(ii)本人以外の者の協議または指定により代理人が定まる場合（協議離婚の際に協議で決められた親権者819条１項，遺言による指定後見人839条，遺言執行者1006条１項など），(iii)裁判所の選任による場合（不在者の財産管理人25条１項，未成年後見人840条，成年後見人843条など）である。

(3) 代理権の範囲

　代理人はいかなる範囲で代理権を有するかについても任意代理と法定代理で異なる。まず，任意代理権の範囲は本人から代理人に対してなされた代理権授与行為の解釈によって定まる。【設例４】では，ＡがＢに「甲土地売却」の代理権を授与すれば，Ｂは甲土地売買に関わる範囲で代理権を有することにな

表6-1　代理権の範囲

	代理権の範囲	具体例
任意代理	代理権授与行為の解釈による	委任された事項 ex. 土地売却に関する行為など
法定代理	法律の規定による	不在者の財産管理（28条） 親権（824条），後見（859条）など
代理権限の定めがない場合	保存行為	財産の現状を維持する行為 ex. 家屋の修繕など
	利用行為	物や権利の性質を変えない範囲内の収益行為　ex. 田畑の耕作など
	改良行為	物や権利の性質を変えない範囲内の価値増加行為　ex. 家屋への造作など

る。法定代理権の範囲は法律の規定によって定まる。例えば，不在者の財産管理人は28条，親権者は824条，後見人は859条にそれぞれ権限の範囲が定められている。【設例5】では，BはAの親権者として民法の規定により法定代理権を有しており，その範囲内でAの代わりに売買契約を行うことができる。

　代理権限の定めがない場合，代理人は次の行為のみをなす権限を有する（103条）。(i)**保存行為**。これは財産の現状を維持する行為である。例えば，台風で壊れた家屋の修繕，期限が到来した債権の弁済，腐敗しかかった物の処分などである。(ii)**利用行為**。これは代理の目的である物や権利の性質を変えない範囲内において収益を図る行為である。例えば，保管を任された田畑の耕作，金銭を銀行に預金することなどである。(iii)**改良行為**。これは，代理の目的である物や権利の性質を変えない範囲内において，価値を増加させる行為である。例えば，家屋に造作を施すこと，田畑に排水装置を設けること，無利息債権を利息付にする行為などである。なお，これらを**管理行為**というが，この範囲を超えて**処分行為**をすることは許されない。例えば，代理人が本人から土地や家屋の管理保管を任されたにすぎないにもかかわらず，これを売却してしまうような場合である。このような行為は無権代理行為となる。

(4)　**代理権の制限**

　以下の場合には，代理権の行使が制限（禁止）される。

　①自己契約・双方代理の禁止　　自己契約とは，同一の法律行為について，

当事者の一方が相手方の代理人になることである。例えば，AとBの甲土地売買契約において，買主Bが売主Aの代理人として契約するような場合である。自己契約は，代理人が自分に有利な条件でいかようにも契約を締結でき，本人の利益を害するおそれがあるので禁止される。自己契約は代理権を有しない者がした行為（無権代理行為）とみなされる（108条1項）。

双方代理とは，同一の法律行為について，一人の代理人が当事者双方の代理人として行為することである。例えば，AとCの甲土地売買契約において，Bが売主Aと買主C双方の代理人になるような場合である。双方代理は，代理人が一方当事者に有利な条件で契約を締結することができ，他方の当事者を害するおそれがあり禁止される。双方代理も代理権を有しない者がした行為（無権代理行為）とみなされる（同項）。

例外として，次の場合には自己契約や双方代理も許される。まず(a)債務の履行にすぎない場合である（同項ただし書）。債務を履行する行為は，すでに確定している契約内容の実現にすぎず，実質的に本人の利益を害するおそれはないので許される。登記申請行為もこれに含まれる（最判昭43・3・8民集22・3・540）。例えば，AとCの甲土地売買契約において，司法書士BがAとC双方の代理人として所有権移転登記の申請を行うような場合である。これは形式的には双方代理にあたるが，登記申請行為は売買契約上の債務の履行にすぎず，本人であるAとCの利益を害することもないので許されることになる。次に(b)本人があらかじめ許諾した行為である（同項ただし書）。108条の趣旨は，本人の利益を保護する点にあるところ，自己契約や双方代理を本人があらかじめ許諾していれば，本人の意に反して利益を害するおそれはないので許される。

②利益相反行為の禁止

> 【設例6】 Aから甲土地の管理・処分に関する代理権を授与されたBが，自己のCに対する債務を担保するために，Aの代理人としてCとの間で甲土地に抵当権を設定する契約を締結した。

代理人と本人の利益が相反する行為については，代理権を有しない者がした行為（無権代理行為）とみなされる（108条2項）。【設例6】では，代理人Bが債権者Cに対する自己の債務の担保として本人Aの甲土地に抵当権を設定し

図6-3 自己契約・双方代理・利益相反行為

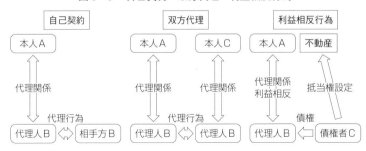

たものである。この場合に，もし代理人Bが相手方Cに債務を弁済しないならば，抵当権が実行されて本人Aの財産で代理人Bの債務が弁済されることになり，Aが不利益を受ける一方でBが利益を受けることになる。したがって，本人Aの利益と代理人Bの利益が相反しており禁止される。なお，判例は，利益相反行為にあたるかどうかは行為の外形から客観的・形式的に判断されるとしている（最判昭42・4・18民集21・3・671）。【設例6】でいうと，代理人Bが債権者Cに対する自己の貸金債務の担保として本人Aの財産に抵当権を設定する行為は，当該借金を本人Aのためにしたという（主観的な）事情があったとしても，利益相反の有無は形式的・客観的に判断されるということである。民法にはその他にも法定代理人について利益相反行為を禁止する規定がいくつか置かれている（親権者については826条，後見人については860条など）。なお，利益相反行為についても，本人がこれをあらかじめ許諾した場合には許される（108条2項ただし書）。

(5) 代理権の濫用

【設例7】 本人Aから自己所有の甲土地売却の代理権を与えられていた代理人Bが，甲土地の売却代金を着服する目的で甲土地を相手方Cに売却した。この場合，代理は有効になるだろうか。

代理権の濫用とは，代理人が自己または第三者の利益を図る目的で代理権の範囲内の行為をすることをいう。代理権濫用は，形式上，代理権の範囲内の代理行為をしており，代理人には本人に効果を帰属させる意思がある。そのため原則として，その効果は本人に帰属する。しかし，相手方が代理人の「自己又

は第三者の利益を図る目的」を知り（悪意）又は知ることができたとき（普通なら知ることができるのに過失により知らなかった＝有過失）は，その行為は代理権を有しない者がした行為（無権代理行為）とみなされる（107条）。【設例7】では，代理人Bの行為は代理権の濫用にあたり，原則として甲土地売却の効果は本人Aに帰属するが，相手方Cが代理人Bの目的（売買代金を着服する意図）を知っていた場合や知ることができた場合には，Bの行為は無権代理となって，本人Aに効果は帰属しない。

(6) **代理権の消滅**

　代理権の消滅原因には以下のものがある。まず，①任意代理と法定代理に共通する消滅原因として，(i)本人の死亡（111条1項1号）のほか，(ii)代理人の死亡，(iii)代理人が破産手続開始の決定を受けたこと，(iv)代理人が後見開始の審判を受けたこと（2号）が挙げられる。次に，②任意代理に特有の消滅原因としては，委任の終了がある（同条2項，委任の終了事由については651条1項，653条）。民法は，「委任の終了」と定めているが，前述したように任意代理は委任以外でも発生しうるので，雇用や組合など本人と代理人との間の契約関係（内部関係）の終了によって消滅すると解される。そして，③法定代理権に特有の消滅原因は，それぞれの規定による。例えば，親権者は親権の喪失（834条），後見人は解任（846条）などにより，その法定代理権が消滅する。

3　代理行為

(1) **代理行為の意義・顕名主義**

>【設例8】　Aから自己所有の甲土地の売却を依頼されたBが代理人として相手方Cと代理行為を行うと，甲土地売買契約の効果は本人に帰属するが，そのためには代理人Bが本人Aの名を示すことは必要だろうか。

　代理行為とは代理人が本人のためにする行為をいう。代理行為の効果が本人に帰属するためには，代理人が相手方に対して「本人のためにすること」を示さなければならない（99条）。これを「**顕名（顕名主義）**」という。具体的には，任意代理や法定代理の場合であれば「A代理人B」などと表示すればよく，法人代表の場合なら「A会社○支店長B」といった肩書を示せばよい。必ずしも

図6-4 顕名ある場合とない場合

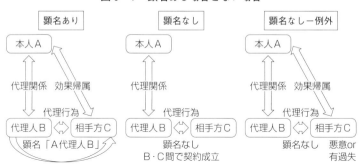

本人の名を明示しなければならないわけではなく，黙示であっても事実関係や状況から代理人として代理行為をしていることが相手方に推測されればよい。【設例8】では，代理人Bは相手方Cに対して「自分はAの代理人として甲土地を売却する」というように代理意思を示して代理行為を行わなければならない。これにより本人Aに売買契約の効果が帰属する。

それでは代理人が代理行為に際して本人のためにすることを示さないで意思表示をした場合はどうなるか。すなわち，代理人が顕名しなかった場合，原則としてその行為は代理人が「自己のためにしたもの」とみなされ，その効果は本人に帰属しない（100条本文）。ただし，例外として，相手方において「代理人が本人のためにすること」を知っている場合（悪意）や，知ることができた場合（有過失）には，その効果は本人に帰属する（同条ただし書）。【設例8】において，代理行為をする際，代理人Bが相手方Cに対して自分はAの代理人であるということを（代理意思があることを）示さなかった場合は，B自身に売買契約の効果が帰属することになるが，相手方CにおいてBがAの代理人であることを元々知っていたり，普通ならそのことを知り得るのに不注意で知らなかった場合には，代理が成立してAに効果が帰属することになる。

なお，商法504条は，「商行為の代理人が本人のためにすることを示さないでこれをした場合であっても，その行為は，本人に対してその効力を生ずる。ただし，相手方が，代理人が本人のためにすることを知らなかったときは，代理人に対して履行の請求をすることを妨げない。」と規定している。これは民法の顕名主義に対する例外として商法が**非顕名主義**を採用したものとされる。

(2) 代理行為の瑕疵

代理行為に何らかの瑕疵がある場合，その瑕疵の有無は誰を基準に判断すべきであるか。この問題につき，民法101条が3つの場合を規定している。

①代理人の意思表示に瑕疵がある場合

> 【設例9】　Aから絵画の購入を依頼されたBが，Aの代理人として画商Cから有名画家のレプリカ絵画を本物だと信じて購入した。この場合，AはCに対して錯誤による取消しを主張できるか。

代理人が相手方に対してした意思表示の効力が，「意思の不存在や錯誤があったかどうか」，「詐欺や強迫を受けてしたものかどうか」，「ある事情を知っていたかどうか」，「ある事情を知らなかったことにつき過失があったかどうか」によって影響を受ける場合には，その事実の有無は，代理人を基準に判断される（101条1項）。すなわち，意思表示に心裡留保，虚偽表示，錯誤があったかどうか，詐欺や強迫を受けたかどうかといった事実の有無は代理人の意思表示を基準に判断するということである。また善意か悪意か，有過失か無過失かについても代理人で判断される。【設例9】では，錯誤が問題となるが，錯誤があったかどうか，重過失があったかどうかという事実の有無は，代理人Bを基準に判断される。そうすると，たとえ本人Aはレプリカであると容易に判断できた場合であっても（重過失），代理人Bに重過失がなければ錯誤による意思表示の取消し（95条）を主張することができる。

②相手方の意思表示に瑕疵がある場合

> 【設例10】　AがBに甲土地の売却を依頼したところ，相手方Cが甲土地を買うつもりがないのに，代理人Bに対して「甲土地を買います」という嘘の意思表示（心裡留保）をした。このCの意思表示は無効となるか。

相手方が代理人に対してした意思表示の効力が，「意思表示を受けた者がある事情を知っていたかどうか」，「ある事情を知らなかったことにつき過失があったかどうか」によって影響を受ける場合には，その事実の有無は，代理人を基準に判断される（101条2項）。すなわち，代理人が代理行為を行うに際して，相手方が心裡留保をしているような場合，その意思表示の効力は，代理人が善意か悪意か，有過失か無過失かによって判断されるということである。

【設例10】では、Ｃの心裡留保による意思表示の無効が問題となるが、無効の要件である、心裡留保の事実を知っていたか（悪意）、知らなかったことについて過失があったか（有過失）という事実の有無は、代理人Ｂを基準に判断される。したがって、本人Ａは相手方Ｃの真意を知らなかった（善意）としても、代理人Ｂが相手方Ｃの真意を知っていた場合（悪意）には、Ｃの心裡留保による意思表示は無効となる（93条1項ただし書）。

③本人が代理人に特定の法律行為を委託した場合

> 【設例11】　ＡがＢにある特定の絵画をＣから購入するよう依頼したが、Ａはその絵画をＣが詐欺により取得したことを知っていた。そして、代理人Ｂは詐欺の事実につき善意無過失でＣに当該絵画購入の意思表示をした。この場合、Ａは96条3項の第三者として保護されるか。

特定の法律行為をすることを委託された代理人がその行為をしたときは、本人は「自ら知っていた事情」について代理人が知らなかったことを主張できず、また本人が「過失によって知らなかった事情」について代理人が知らなかったことも主張できない（101条3項）。すなわち、代理人が本人から特定の行為について委託され当該行為を行うに際し、本人がある事情について悪意・有過失であるときは、代理人がその事情について善意・無過失であったということを主張できず、瑕疵の有無は本人を基準に判断されるということである。

【設例11】では、本人Ａが96条3項の第三者として保護されるかどうかが問題となる。本事例において本人Ａは「ある特定の絵画をＣから購入する」という特定の行為を代理人Ｂに委託している。しかし、Ａはその絵画をＣが詐欺

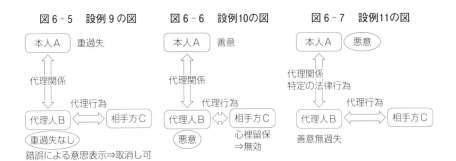

図6-5　設例9の図　　図6-6　設例10の図　　図6-7　設例11の図

により取得したことを知っていた（悪意）のであるから，代理人Bが善意無過失であったことを理由に96条3項の保護を受けることはできない。

4　代理人（代理人の資格）
(1)　代理人の選任
　代理人とは本人の名において代理行為を行う者である。任意代理の場合は，本人が**任意代理人**を選任する。法定代理の場合は法律の規定によって**法定代理人**が定まるのが通常である。例えば，未成年者については，民法の規定により親（親がいない場合は**未成年後見人**）が法定代理人となる。
(2)　代理人の能力
　代理人は行為能力者であることを要しない。すなわち，民法は，「制限行為能力者が代理人としてした行為は，行為能力の制限によっては取り消すことができない。」と定めており，制限行為能力者でも代理人になることができることを認めている（102条本文）。すなわち，未成年者・被保佐人・被補助人などの制限行為能力者が代理人になってもかまわない。代理人の代理行為の効果はすべて本人に帰属するのであって，代理人には何らの効果も帰属せず利益も不利益も受けることがないので行為能力を問題にしなくてもよいからである。未成年者であっても十分交渉能力ありとして代理人に選任して相手方と取引上の交渉をさせてもさしつかえない。例えば，親が未成年子を代理人として，自分の代わりに何らかの代理行為をさせることは一般的に行われることであろう。なお，代理人は意思能力を具備していなければならず，意思無能力者（幼児や重度の認知症患者など）は代理人になれない。なお，制限行為能力者が他の制限行為能力者の法定代理人として行った代理行為については行為能力の制限を理由として取り消すことができる（同条ただし書）。例えば，成年被後見人Aが自身の未成年子Bの法定代理人として，契約など代理行為をした場合には，Aが行為能力を制限されていることを理由として，当該代理行為を取り消すことができる。

> **Column　はじめてのおつかいは代理として有効か？——代理人の能力**
>
> 　親が自分の子供におつかいを頼むことは世間でよくみられる行為である。テレビでは「はじめてのおつかい」というタイトルで，幼い子供におつかいをさせて，その様子をカメラが見守るという番組も放送されている。これは代理として成立するのであろうか。上述のように，代理人は未成年者がなっても構わないので（102条本文），親が未成年の子供に売買契約（法律行為）を頼むことは許される。しかし，意思無能力者は代理人になれないので，意思能力が備わっていないような幼い子供を代理人にすることはできない。幼い子供が近所のお店やスーパーでおつかいをする行為（日用品の売買契約）が，代理にあたるのか，それとも使者その他にあたるのか，一度考えてみてほしい。

(3) 復代理人

①復代理の意義　　**復代理**とは，代理人が別の者を代理人（復代理人）に選任（復任）して，その者に代理行為を行わせることをいう。例えば，代理人が急病になったり，自分の能力では手に負えない事態が生じたりしたとき，代理人が本人のためにさらに別の代理人を選任するような場合である。**復代理人**は，その権限内の行為について，本人を代表する（106条1項）。つまり，復代理人は代理人の代理人ではなく，本人の代理人なのであって，代理人と同じく本人を代理する権限を有するのである（同条2項）。したがって，復代理人のした行為は，直接本人に効果が帰属する。

②復代理人の選任（復任）　　任意代理と法定代理では，復代理人の選任要件が異なっている。(i)任意代理の場合，任意代理人は「本人の許諾を得たとき」または「やむを得ない事由があるとき」でなければ，復代理人を選任できない（104条）。例えば，本人が復代理人の選任を代理人に認めた場合のほか，代理人が病気や海外出張などで代理できないようなやむを得ない事情が生じたような場合である。一方，(ii)法定代理の場合，法定代理人は「自己の責任」でいつでも復代理人を選任できる（105条前段）。つまり，法定代理の場合は復代理人の選任について特に制限はなく，法定代理人は本人の許諾などなくとも必要に応じて復代理人を選任できるのである。しかしながら，法定代理人は「自己の責任」で復代理人を選任するものとされ，復代理について問題が生じた場合には，選任した法定代理人が全責任を負うことになる。ただし，「やむを得

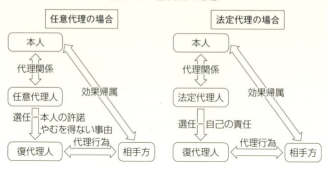

図6-8 復代理の形態

ない事由」があるときは、本人に対して復代理人の選任及び監督についての責任のみを負えば足りる（同条後段）。

2　無権代理

1　代理の形態（体系）

代理には大きく**有権代理**と**無権代理**の形態がある。**有権代理**とは正当な代理権を有している代理人が代理行為を行うことをいう。一方、**無権代理**とは代理権がないのに代理人と称する者が代理行為を行うことをいう。この無権代理にはさらに次の2つの形態がある。1つが**狭義の無権代理**である。これは代理人と称する者がまったく代理権を有していない場合である。もう1つが**表見代理**である。これは無権代理の一形態であるが、本人と無権代理人との間に特殊密接な関係があるために代理権があるような外観を有しており、一定の要件のもと、本人に代理権が真実存在するのと同様の効果を発生させる制度である。

2　無権代理とは

【設例12】　Aから何の代理権も与えられていないBが、Aの代理人と称して、Cとの間でAが所有する甲建物の売買契約を締結した。

(1)　無権代理の意義

無権代理とは、本人の名において行為がなされながら、代理人と称する者が

まったく代理権を有していなかった場合をいう。つまり，無権代理とはある者（無権代理人）が代理権もないのに本人のために代理行為（無権代理行為）をすることをいう。【設例12】では，本人Aから甲建物売買の代理権を与えられていないB（無権代理人）が，本人Aの代理人と称して，相手方Cとの間で甲建物の売買契約（無権代理行為）を行っている。

(2) 無権代理の効果

　無権代理は，本人が代理権を授与していないので本人に効果帰属せず，代理人は代理意思を有していたのだから（自己への効果の帰属を欲していない），代理人にも効果帰属しない（113条）。すなわち，効果不帰属という意味において，無効と同じである。【設例12】では，AはBに甲建物売買の代理権を授与していないのでAに売買の効果は帰属せず，Bは代理意思を有しているので，B自身にも効果は帰属しない。

3　追認と追認拒絶

(1) 追認・追認拒絶の意義

　無権代理行為の追認とは，本人が無権代理行為の効果を自己に帰属させる意思表示をいう（113条1項）。つまり，無権代理行為が本人にとって有益であるような場合は，追認によってその効果を受ければよいのであり，本人は無権代理行為を追認するかどうかの選択権を有している。【設例12】において，本人Aがもともと甲建物を誰かに売るつもりであり，無権代理人Bが行った相手方Cとの甲建物売買契約（無権代理行為）が自分にとって有益であると考えるような場合には，その無権代理行為を追認して有効なものとすることができる。一方，**追認拒絶**とは，無権代理行為の効果が本人に帰属しないことを確定させる意思表示をいう。【設例12】では，本人Aが無権代理人Bの無権代理行為について追認拒絶すれば，その無効が確定するのである。

(2) 追認・追認拒絶の要件

　追認・追認拒絶は，相手方に対してしてもよいし無権代理人に対してしてもよい。通常，追認は明示的に行われるが，黙示の追認も認められる。追認・追認拒絶を無権代理人に対してした場合（相手方に対してしない場合）には，相手方に対抗することができない（113条2項本文）。ただし，その場合でも相手方

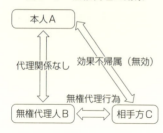
図6-9 無権代理の効果

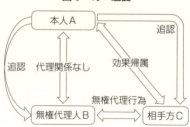
図6-10 追認

が追認の事実を知ったときは，相手方にも対抗することができる（同項ただし書）。なお，追認を相手方に対抗できるかどうかは，後述する相手方の取消権とも関わる問題である。【設例12】では，本人Aは無権代理行為について，無権代理人Bに対して追認してもよいし，相手方Cに対してしてもよい。本人Aが無権代理人Bに対して追認した場合，追認したということを相手方Cに主張することはできないが，本人Aが追認した事実を相手方Cが知った場合には相手方Cにも主張することができる。

(3) 追認・追認拒絶の効果

本人が追認すれば，無権代理人が契約（無権代理行為）をしたときにさかのぼって有効となり，その効果は本人に帰属する（116条本文）。これを**追認の遡及効**という。しかし，本人と相手方が「別段の意思表示」をすれば遡及効を否定できる（同条本文）。例えば，本人と相手方が追認の効力を遡及させない旨を合意したような場合である。一方，本人が追認拒絶すると，無権代理行為の無効が確定し，それ以後は追認できなくなる。【設例12】では，本人Aが追認すれば，無権代理人BとCの間で甲建物売買契約が行われたときにさかのぼって有効となり，その効果は本人Aに帰属する。一方，本人Aが追認拒絶すると，無効が確定し，それ以後Aはあらためて追認することができなくなる。

このように，追認は契約の時にさかのぼってその効力を生ずるが，第三者の権利を害することはできない（同条ただし書）。これは，本人が追認するまでの間に権利を取得した第三者が保護される（遡及効が及ばない）ということである。例えば，【設例12】において，本人Aが所有する甲建物を無権代理人Bが相手方Cに売却して所有権移転登記がなされた後，本人Aが甲建物を第三者

第6章 法律行為3

図6-11 追認と第三者の保護

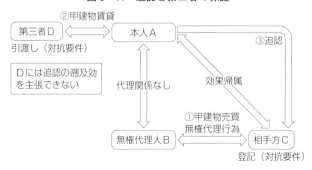

Dに賃貸して引き渡したとする。その後、本人Aが無権代理人Bの無権代理行為を追認したとしても、第三者Dに対しては追認の遡及効を主張することができず、Dの甲建物に対する賃借権を否定することはできない。

4 相手方の権利

無権代理は、本人が追認すればその効果は本人に帰属するが、追認しなければ帰属しないことになるため、相手方は不安定な地位に置かれる。そこで、相手方を保護するため、相手方には次の2つの権利が与えられている。

(1) 催告権

無権代理行為の相手方は、相当の期間を定めて、本人に対して追認をするかどうかを確答すべき旨の催告をすることができる（114条前段）。もし本人がその期間内に確答しなかったときは追認を拒絶したものとみなされる（同条後段）。【設例12】においては、相手方Cは本人Aに対して「1週間以内に追認するかどうか決めてください」などと催告することができる。もし、本人Aが1週間以内に追認するとも追認拒絶するとも確答しなかったときは、追認を拒絶したものとみなされてしまう。これによりBによる無権代理行為は本人Aに帰属しないことに確定する。

(2) 取消権

無権代理行為の相手方は、本人が追認しない間ならば、契約（無権代理行為）を取り消すことができる（115条本文）。ただし、相手方が契約の時において代理行為をした者に代理権がないことを知っていたとき（悪意）は、取り消すこ

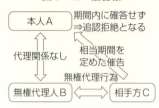
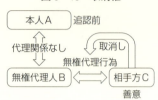

とができない(同条ただし書)。つまり,相手方が取消権を行使するためには,代理行為をした者に代理権がないことについて善意でなければならない。なお,この取消権はいわゆる「撤回」の意味であるとされる。【設例12】では,相手方CとしてはBに甲建物売買の代理権がないことを知らなかったならば(善意),本人Aが追認しない間(追認前)であれば,自分から売買契約を取り消すことができる。

5　無権代理人の責任
(1)　意　義
　無権代理行為がなされた場合,代理人に代理権があると信じていた相手方にとっては,本人にも無権代理人にも責任を追及できないとなれば問題であり,ひいては代理制度そのものの信用を根底から失うことにもなりかねない。そこで民法は相手方保護のため**無権代理人の責任**として,**履行責任**と**損害賠償責任**について規定している。すなわち,無権代理人は,自己の代理権を証明できず又は本人が追認しない場合には,相手方の選択にしたがい,履行責任または損害賠償責任を負わなければならない(117条1項)。

(2)　要　件
　無権代理人の責任は,以下の事情がある場合には追及されない。
　①無権代理人側の事情(117条1項)　　無権代理人が,自己の代理権を証明したとき,または本人の追認を得たときは,無権代理人の責任を負わない。
　②相手方の事情(同条2項1～3号)　　(i)相手方が無権代理人に代理権がないことを知っていたとき(1号),(ii)相手方が無権代理人に代理権がないことを過失によって知らなかったとき(2号本文),(iii)無権代理人が行為能力の制限

図6-14　無権代理人の責任

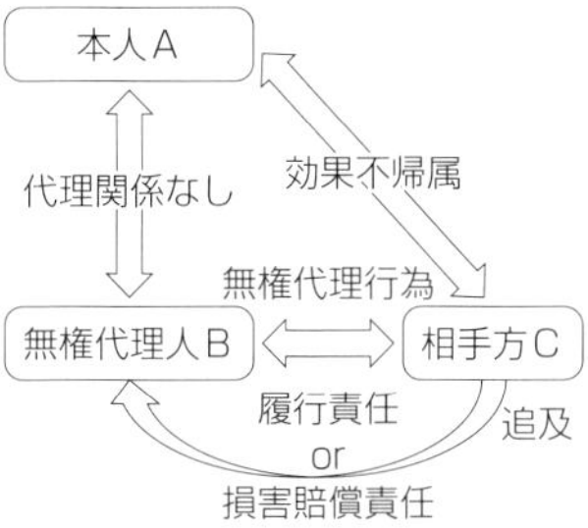

を受けていたとき（3号）である。つまり，無権代理人に責任を負わせるためには，相手方が無権代理人に代理権がないことについて**善意無過失**でなければならない。ただし，相手方に過失があっても，無権代理人自身が自己に代理権がないことを知っていた場合には，無権代理人の責任を追及できる（2号ただし書）。【設例12】において，相手方Cは無権代理人Bに代理権がないことを知らず（善意），知らないことについて過失がなかった場合（無過失），無権代理人Bに対して甲建物の引渡債務の履行または損害賠償を求めることができる。また，相手方Cに過失があっても，Bが自己に代理権がないことを知っていた場合には同様の責任を追及できる。

なお，判例は，無権代理人の責任は**無過失責任**であるとする（最判昭62・7・7民集41・5・1133）。すなわち，無権代理人が，無権代理行為をする際に，自分には有効な代理権があると信じており，信じるについて過失がなかったとしても（善意無過失），無権代理人は責任を免れることはできないのである。

(3) **効　果**

①**履行責任**　　相手方は，その選択により，無権代理人に履行責任を追及することができる（117条1項）。**履行責任**とは，有権代理として代理行為がなされたならば本来は本人と相手方の間で発生すべきであった法律関係から生じる義務を，無権代理人に履行させるという責任をいう。【設例12】において，相手方Cが無権代理人Bに履行責任を追及した場合，Bは甲建物をCに引き渡す責任を負う。

②**損害賠償責任**　　相手方は，履行責任ではなく，**損害賠償責任**を追及することもできる（同項）。この損害賠償は信頼利益ではなく**履行利益**の賠償であ

149

るとされる。なお，履行利益とは，契約が有効であることを前提に契約が履行されたなら得られたであろう利益（履行されなかったために被った損害）のことである。例えば，目的物の転売利益などがこれにあたる。一方，信頼利益とは，契約が無効である場合にその契約を有効であると信じたことによって被った損害のことである。例えば，契約締結のための調査その他の準備費用，契約書作成費用などがこれにあたる。判例（大判大4・10・2民録21・1560）は，本人Aの所有する土地を無権代理人Yから買った相手方Xが，Yに対して無権代理人の責任として損害賠償を請求した事案において，売買当時の地価3520円と訴訟提起時の値上がりした地価4050円余との差額を履行利益の損害として賠償を認めた。

> *Column* 親が子供の宝物（ゲームや漫画）を勝手に処分したらどうなる？
>
> 　子供が学校に行っている間に，母親が子供部屋の大掃除をして，子供が大事にしているゲームソフトや漫画本などを買取専門店で勝手に売却してしまうことがある。これは法的に認められる行為だろうか。もしこの子供が未成年者であったならば，母親には法定代理権があるので，子供の依頼がなくとも子供のためであればその財産を処分することは認められうるだろう。しかし，その子供が成人している大学生（18歳以上）だとすると，母親の行為は無権代理となる可能性がある。無権代理となれば，本人である子供が無権代理人である母親の売却行為を追認しない場合には，相手方である買取専門店への売却は無効になる（子供自身に売却の効果は帰属しない）。その場合，買取専門店（相手方）は母親（無権代理人）に履行（ゲームソフトや漫画本の引渡）や損害賠償を請求できることになる。

6　無権代理と相続

　無権代理が行われた後，追認や追認拒絶がなされる前に，本人や無権代理人が死亡して相続が開始することにより，本人の地位と無権代理人の地位が同化することがある。この場合に，相続により本人の地位を承継した無権代理人は本人の立場で追認拒絶することができるか。逆に，相続により無権代理人の地位を承継した本人は依然として本人の立場で追認拒絶することができるか。これが無権代理と相続の論点である。これには大きく3つのパターンがある。第

1に，無権代理人が本人を相続した場合（無権代理人相続型）である。第2に，本人が無権代理人を相続した場合（本人相続型）である。第3に，相続人が無権代理人を相続した後にさらに本人を相続した場合や，逆に相続人が本人を相続した後にさらに無権代理人を相続した場合である（二重相続型）。これらの場合に，相続した者は追認拒絶できるのかが問題となる。

(1) 無権代理人相続型（無権代理人が本人を相続した場合）

①単独相続の場合

> 【設例13】　Aの所有する甲土地を父親Bが代理権を有しないにもかかわらずCに売却してしまったとする。その後，本人Aが追認または追認拒絶をしないまま死亡して無権代理人Bが本人Aを単独相続した場合，BはAの立場において追認拒絶をすることができるか。

(i)資格融合説（判例）　この論点について，判例（最判昭40・6・18民集19・4・986）は，無権代理人と本人の資格が同一人に帰した以上，本人が自ら法律行為をしたのと同様の法律上の地位を生じたものとみなして，無権代理人の追認拒絶を認めず，無権代理行為が当然有効になるとしている。つまり，無権代理人と本人の資格が融合して，無権代理行為は有効となり，無権代理人は追認拒絶できないという考え方である。学説もこの見解を支持しているものが多い（当然有効説・地位同化説などとも呼ばれる）。【設例13】では，本人Aと無権代理人Bの資格は融合し，甲土地の売却は本人Aが自ら行ったのと同じものとして当然有効となるので，無権代理人Bが追認拒絶をすることはできない。

(ii)資格併存説　これに対して，相続によって無権代理人と本人の資格が併存するという見解も有力に主張されている。これには，2つの見解がある。1つは，信義則説である。これは，相続により無権代理人と本人の資格は併存するが，無権代理人が自ら行った無権代理行為について本人の資格で追認拒絶することは信義則に反して許されないという見解である。【設例13】では，無権代理人Bには本人Aと無権代理人Bの資格（地位）が併存するが，無権代理人Bが自ら無権代理行為をしておきながら（本人Aへの効果帰属を予定しておきながら），本人Aの資格をもって追認拒絶をすることは矛盾した行動であり，信義に反して認められないことになる。もう1つは，資格併存貫徹説である。これは，無権代理人には本人と無権代理人の資格（地位）が併存することを一貫

して認め，無権代理人は本人の資格で追認拒絶をすることも許されるという見解である。その根拠として，無権代理人が追認拒絶したとしても，相手方は117条により無権代理人に履行責任を追及できるので不利益にならないこと，また相続という偶然の事情により無権代理行為が当然に有効になるとすれば（追認拒絶できないとすれば），相手方に望外の利益を与えることになるなどが挙げられる（髙森・民法総則・128）。【設例13】では，無権代理人Bには本人Aと無権代理人Bの資格（地位）が併存し，Bは追認拒絶をすることができる反面，相手方CとしてはBに無権代理人の責任（117条）として甲土地引渡義務の履行を求めることができる。なお，判例（最判平10・7・17民集52・5・1296）によれば，本人が追認拒絶をした後で無権代理人が本人を相続した場合は，無権代理行為はすでに無効に確定しているため，無権代理人は本人を相続した後に無効を主張することができる。

②共同相続の場合

> 【設例14】　Aの所有する甲土地を父親Bが代理権を有しないにもかかわらずCに売却してしまったとする。その後，本人Aが追認または追認拒絶をしないまま死亡して無権代理人Bとその他の相続人Dが本人Aを共同相続した場合に，BはAの立場において追認拒絶をすることができるか。

　この論点について，判例（最判平5・1・21民集47・1・265）は，無権代理行為を追認する権利は，その性質上相続人全員に不可分的に帰属するとし，「他の共同相続人全員が追認をしている場合に無権代理人が追認を拒絶することは信義則上許されない」とした上で，「他の共同相続人全員の追認がない限り，無権代理行為は，無権代理人の相続分に相当する部分においても，当然に有効となるものではない」とした。このような見解を「追認不可分説」という。この見解によると，【設例14】では，他の相続人Dが追認した場合には，無権代理人Bが追認拒絶することは信義則上認められない。しかし，Dが追認しなかった場合には，甲土地売却（無権代理行為）は，Bの相続分においても当然には有効とならず，結局BとDに効果帰属しないことになる。

　なお，信義則説においては，他の相続人は追認拒絶できるが無権代理人は信義則上追認拒絶できず，無権代理行為は無権代理人の相続分の限度で有効になるという見解もある。これを「追認可分説」という。また，資格併存貫徹説で

図 6‑15　無縁代理人相続型

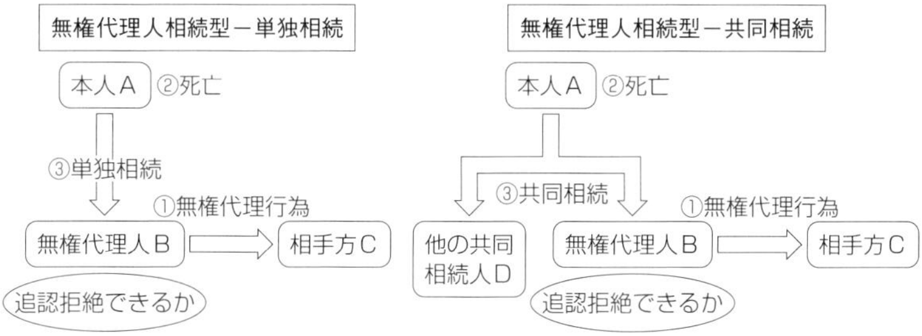

は，共同相続の場合も無権代理人は本人の資格で追認拒絶をすることができ，共同相続人全員が追認しない限り無権代理行為は有効にならないとされる。

(2) 本人相続型（本人が無権代理人を相続した場合）

①単独相続の場合

> 【設例15】　Aの所有する甲土地を父親Bが代理権を有しないにも関わらずCに売却してしまったとする。その後，本人Aが追認または追認拒絶をしない間に，無権代理人Bが死亡してAがBを単独相続した場合，Aは本人としての立場で追認拒絶をすることができるか。また，AはBの無権代理人の責任（117条）を承継するか。

　この論点について，判例（最判昭37・4・20民集16・4・955）は，本人と無権代理人の資格併存を肯定して，本人が無権代理行為を追認拒絶することを認めている。本件は，父親B（無権代理人）が応召中の息子A（本人）の不動産を勝手に処分しCに移転登記した後，Bが死亡してAが単独相続した事案である。判決は，「相続人たる本人が被相続人の無権代理行為の追認を拒絶しても，何ら信義に反するところはないから，被相続人の無権代理行為は一般に本人の相続により当然有効となるものではない」と判示して，本人Aによる追認拒絶を認めた。しかし，本判決では本人が無権代理人の責任（117条）を承継するかどうかについては判断しなかった。【設例15】では，無権代理人Bの死亡により単独相続した本人Aは，その資格において追認拒絶することができる。

153

図6-16 本人相続型

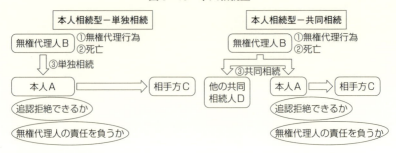

②共同相続の場合

> 【設例16】 Aの所有する甲土地を父親Bが代理権を有しないにも関わらずCに売却してしまったとする。その後，本人Aが追認または追認拒絶をしない間に，無権代理人Bが死亡してAが他の相続人DとともにBを共同相続した場合，Aは本人としての立場で追認拒絶をすることができるか。また，AはBの無権代理人の責任（117条）を承継するか。

　この論点について，判例（最判昭48・7・3民集27・7・751）は，単独相続の場合と同様に，本人と無権代理人の資格併存を肯定して，本人が無権代理行為を追認拒絶することを認めている。その上で，本人は無権代理人の責任（117条）をその要件に従い承継するとした。本件は，父親B（無権代理人）が息子A（本人）に無断で他人の手形貸付債務につき連帯保証契約を締結した後，Bが死亡してAが他の相続人7人とともに共同相続した事案である。判決は，「本人は相続により無権代理人の右債務（117条の責任）を承継するのであり，本人として無権代理行為の追認を拒絶できる地位にあったからといって右債務を免れることはできない」と判示した。つまり，本判決は，本人による無権代理行為の追認拒絶を認めつつ，本人は他の共同相続人とともに無権代理人の責任（117条）を承継するとしたのである。【設例16】では，無権代理人Bの死亡により共同相続した本人Aは，その資格において追認拒絶することができるが，同時に無権代理人の責任（117条）を負わねばならないことになる。

図 6-17 二重相続型

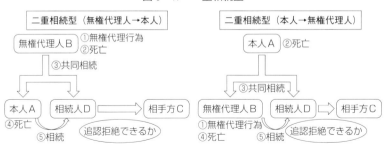

(3) 二重相続型（本人と無権代理人を二重に相続した場合）

> 【設例17】　Ａの所有する甲土地を父親Ｂが代理権を有しないにもかかわらずＣに売却してしまったとする。その後，無権代理人Ｂが死亡して，本人ＡとＢの妻Ｄが共同相続した。さらにその後，Ａが死亡してＤが単独相続した。この場合，Ｄは追認拒絶できるか。
>
> 【設例18】　Ａの所有する甲土地を父親Ｂが代理権を有しないにもかかわらずＣに売却してしまったとする。その後，本人Ａが死亡して，無権代理人Ｂとその妻Ｄが共同相続した。さらにその後，Ｂが死亡してＤが単独相続した。この場合，Ｄは追認拒絶できるか。

　上記のように，①相続人が無権代理人を相続した後にさらに本人を相続した場合【設例17】，②相続人が本人を相続した後にさらに無権代理人を相続した場合【設例18】に，相続した者は追認拒絶できるのかが問題となる。

　まず①の事案について，判例（最判昭63・3・1法時1312・92）は資格融合説の立場をとり，無権代理人が本人を相続した場合と何ら異なるところはないとして，無権代理人相続型と同じく相続人による追認拒絶を否定している。本件は，無権代理人Ｂを本人Ａとともに相続し，無権代理人の地位を承継したＸ1・Ｘ2・Ｘ3が後に本人Ａを共同相続して本人の地位も承継したという事案である。判決は，「無権代理人を本人とともに相続した者がその後更に本人を相続した場合においては，当該相続人は本人の資格で無権代理行為の追認を拒絶する余地はなく，本人が自ら法律行為をしたと同様の法律上の地位ないし効果を生ずる」と判示して，相続人は追認拒絶できないとした。

　なお，②の事案は判例上現われていない。上記の判例の傾向からすると，こ

表6-2　無権代理と相続のまとめ図

	相続の内容	単/共	追認拒絶の可否	判例
無権代理人相続型	無権代理人が本人を相続	単独	追認拒絶不可	最判昭40・6・18民集19・4・986 本人自ら法律行為をしたと同様の法律上の地位ないし効果を生ずるものと解するのが相当である。
		共同	追認拒絶可	最判平5・1・21民集47・1・265 ①他の共同相続人全員が追認をしている場合に無権代理人が追認を拒絶することは信義則上許されない。 ②他の共同相続人全員の追認がない限り、無権代理行為は、無権代理人の相続分に相当する部分においても、当然に有効となるものではない。
本人相続型	本人が無権代理人を相続	単独	追認拒絶可	最判昭37・4・20民集16・4・955 本人が被相続人の無権代理行為の追認を拒絶しても、何ら信義に反するところはないから、被相続人の無権代理行為は一般に本人の相続により当然有効となるわけではない。
		共同	追認拒絶可	最判昭48・7・3民集27・7・751 民法117条による無権代理人の債務が相続の対象となることは明らかであっても、このことは本人が無権代理人を相続した場合でも異ならないから、本人は相続により無権代理人の右債務を承継するのであり、本人として無権代理行為の追認を拒絶できる地位にあったからといって右債務を免れることはできない。
二重相続型	相続人が無権代理人を相続した後に更に本人を相続した場合	単独	追認拒絶不可	大判昭17・2・25民集21・4・164
		共同	追認拒絶不可	最判昭63・3・1判時1312・92 本人自ら法律行為をしたと同様の法律上の地位ないし効果を生ずるものと解するのが相当である。
	相続人が本人を相続した後に更に無権代理人を相続した場合	単独	追認拒絶可？	判例なし
		共同	追認拒絶可？	判例なし

出典：髙森・民法総則・130を参照して筆者作成。

の事案は本人相続型とみなして，相続人は本人の地位に基づき追認拒絶できるのではないかと思われる。なお，髙森説は，①と②の「いずれの場合でも本人的地位と無権代理人的地位を相続人は使い分けることができ，本人的地位を包括的に承継する以上，117条の要件に則り，無権代理人の責任を負担すればよいと考える。このことは無権代理人相続型，本人相続型，二重相続型のいずれにも妥当し，かつ各々の型における単独相続・共同相続の如何を問わず妥当するであろう」として，すべて資格併存貫徹説によっている（髙森・民法総則・131頁）。

3　表見代理

1　表見代理の意義と種類

　表見代理とは，無権代理の一種であり，本人と無権代理人の間に特殊・密接な関係があるために代理権があるような外観を有している場合に，代理権が真に存在するのと同様の効果を生じさせる制度である。**権利外観法理**を根拠とする。表見代理には，次の3種類がある。①**代理権授与の表示による表見代理**，②**権限外の行為の表見代理**，③**代理権消滅後の表見代理**である。

2　代理権授与の表示による表見代理

【設例19】　Aは自分が取り扱っている土地を売却する代理権をBに与えたかのようにCに表示していた。しかし，Aは実際にはBに代理権を与えていなかった。そこで，BはAの代理人としてA所有の甲土地をCに売却してしまった。この場合，CはAに対して甲土地の引渡しを請求できるか。

(1)　意　義

　代理権授与の表示による表見代理とは，本人が実際には代理権を与えていないのに，第三者に対して他人に代理権を与えた旨を表示し，その他人が第三者との間でその代理権の範囲内の行為をしたような場合をいう（109条1項）。また，本人が第三者に対して他人に代理権を与えた旨を表示したところ，その他人が第三者との間で当該代理権の範囲外の行為をしたような場合もこのタイプ

の表見代理にあたる（2項）。

(2) **要件・効果**

①表示された代理権の範囲内の行為がなされた場合（109条1項）　原則として無権代理となるが，次の要件を満たせば，表見代理が成立し，その効果は本人に帰属する（109条1項）。(a)本人が他人に代理権を与えた旨を第三者に対して表示したこと，(b)その他人が表示された代理権の範囲内で代理行為をしたこと，(c)第三者が，その他人に代理権が授与されていないことを知らないこと（善意）または知らないことに過失がないこと（無過失）である。なお，表示は口頭でも書面でもよい。また特定の相手方に対してしてもよいし，新聞広告などで不特定の者に向けてしてもよい。【設例19】では，(a)本人Aは，実際には代理権を与えていないのに他人Bに土地売却に関する代理権を与えた旨を第三者Cに表示している（代理権授与の表示）。(b)そして，BはAの代理人として表示された代理権の範囲内で甲土地をCに売却している（無権代理行為）。(c)この場合，第三者Cとしては，Bに代理権がないことを知らず（善意），知らないことについて過失がなかったときは（無過失），表見代理が成立して，本人Aに甲土地売買契約の効果が帰属する。

②表示された代理権の範囲外の行為がなされた場合（109条2項）　第三者に対して他人に代理権を与えた旨を表示した者は，その代理権の範囲内でその他人が第三者との間で行為をしたとすれば109条1項の規定によりその責任を負う場合において，その他人が第三者との間でその代理権の範囲外の行為をしたときは，第三者がその行為についてその他人の代理権があると信ずべき正当な理由があるときに限り，その行為についての責任を負う（109条2項）。すなわち，以下の要件を満たせば，表見代理が成立して，本人に効果が帰属する。(a)本人が他人に代理権を与えた旨を第三者に対して表示したこと，(b)その他人が表示された代理権の範囲外の行為をしたこと，(c)第三者が当該行為についてその他人に代理権があると信ずべき正当な理由があることである。

(3) **白紙委任状と表見代理**

代理権授与の表示による表見代理は，白紙委任状が交付された場合に問題となる。白紙委任状とは，代理人氏名や委任事項などが空欄すなわち白地になっている委任状をいう。通常，白紙委任状は，本人から代理人に交付された後，

代理人が権限の範囲内で白地部分を補充して相手方に呈示される。しかし，白紙委任状の交付を受けた代理人がこれを濫用したり，代理人から白紙委任状を転得した者がこれを利用や濫用したような場合には，表見代理の成否が問題となる。これについてはいくつかの類型に分けられる。

①白紙委任状が輾転（次々に移転）されることを予定し，これを正当に取得した者であれば誰でも代理人として使用することができるという趣旨で交付された場合（輾転予定型）については，白紙委任状の正当な取得者が委任事項について代理行為をするかぎり有権代理となる（大判大7・10・30民録24・2087）。

②白紙委任状が輾転されることを予定せず，特定の者に限定して使用させる趣旨で交付される場合（非輾転予定型）については，当該特定の者が委任事項について代理行為をしたならば有権代理となる。しかし当該特定の者が委任された事項以外の行為を行った場合（直接型）や当該特定の者以外の者が白紙委任状を転得して代理行為をした場合（間接型）には，表見代理の成否が問題となる。まず，(a)直接型（直接の被交付者濫用型）の場合は，109条とともに110条の適用が問題になりうる（なお，髙森説は110条で処理・規律されるべきとする。髙森・民法総則・114）。

(b)間接型については，(i)委任事項非濫用型（委任事項欄に顕著な濫用がない場合）と(ii)委任事項濫用型（委任事項欄に顕著な濫用があった場合）に分けられる。(i)については，109条の適用を肯定したとされる判例がある（最判昭42・11・10民集21・9・2417）。一方，(ii)については，109条の適用が否定されている（最判昭39・5・23民集18・4・621）。この点，髙森説は，間接型を転得者利用型と濫用型に分類し，前者については109条が適用されるとする。後者については，109条が適用される場合と109条及び110条が併用適用される場合があるとする（髙森・民法総則・117）。

(4) **本人名義の使用許諾と表見代理**

代理権授与の表示による表見代理は，取引に際して，本人名義の使用が許諾されていたり，黙認されていたような場合にも問題となる。すなわち，本人Aが他人Bに自己の名義を使用して取引することを許諾し，BがA名義で第三者Cと取引した場合，109条の表見代理が成立するかどうかである。判例は，109条を類推適用して，本人の責任を認めている。代表的な判例として，

東京地方裁判所厚生部事件（最判昭35・10・21民集14・12・2661）が挙げられる。本件で東京地方裁判所は，職員の互助組織である「厚生部」という組織が裁判所庁舎において「厚生部」名義で物品売買などを継続的に行うことを長期間黙認していた。Xが厚生部との間で物品の売買契約をして物品を納入したところ厚生部が代金を支払わなかったため，XがY（国）に対してその支払いを求めて訴えを提起した。判決は，「およそ，一般に，他人に自己の名称，商号等の使用を許諾し，もしくはその者が自己のために取引する権限ある旨を表示し，もってその他人のする取引が自己の取引なるかの如く見える外形を作り出した者は，この外形を信頼して取引した第三者に対し，自ら責に任ずべきであって，このことは，民法109条，商法23条（現14条）等の法理に照らし，これを是認することができる」と判示した。

なお，商法14条は，「自己の商号を使用して営業又は事業を行うことを他人に許諾した商人は，当該商人が当該営業を行うものと誤認して当該他人と取引をした者に対し，当該他人と連帯して，当該取引によって生じた債務を弁済する責任を負う。」と定めて，自己の商号の使用を他人に許諾した商人の責任を認めている。

3　権限外の行為の表見代理

> 【設例20】　Aは自分の所有する甲土地を他人に賃貸する権限をBに与えていた。ところが，BはAの代理人として甲土地をCに売却してしまった。この場合，CはAに対して甲土地の引渡しを請求できるか。

(1)　意　義

権限外の行為の表見代理とは，代理人が本人から授与された代理権の範囲外の行為をした場合をいう（110条）。【設例20】のように，本人Aから甲土地を他人に賃貸する代理権限を与えられていた代理人Bが，その権限を逸脱して第三者Cに甲土地を売却するといったケースが典型例である。

(2)　要件・効果

原則として，代理権限外の行為が行われた場合は無権代理となりその効果は本人に帰属しないが，次の要件を満たせば表見代理が成立して代理行為の効果

は本人に帰属する。(a)代理人に何らかの基本となる代理権（**基本代理権**）があること，(b)代理人が権限外の行為をしたこと，(c)第三者が代理人に権限があると信ずべき**正当な理由**があることである。【設例20】では，(a)本人Aは代理人Bに対して甲土地の賃貸権限（基本代理権）を与えている。(b)Bはその権限の範囲を超えてAの代理人として甲土地を第三者Cに売却している。(c)この場合，CにおいてBには甲土地を売却する代理権限があると信ずべき正当な理由があれば，表見代理が成立し，CはAに甲土地の引渡しを請求できる。

(3) **基本代理権とは**

権限外の行為の表見代理が成立するためには，代理行為をした者に何らかの基本となる権限すなわち基本代理権があることが要件となる。この基本代理権についてはいくつかの問題がある。

①事実行為の代行権限は基本代理権になるか　投資勧誘行為などの事実行為についての代行権限は110条の基本代理権にはならないとされる。すなわち，判例（最判昭35・2・19民集14・2・250）は，金融会社の投資勧誘外交員Yが長男Aに投資勧誘業務を任せていたところ，Aが顧客Xとの間でY名義の保証契約を勝手に締結した事案で，「勧誘それ自体は，…事実行為であって，法律行為ではないのであるから，…AがYを代理する権限を有していたものということはできない」と判示した。

②公法上の行為の代理権は基本代理権になるか　登記申請行為や印鑑証明書下付申請行為などの公法上の行為についての代理権は110条の基本代理権となるであろうか。まず，登記申請行為の代理権についてはこれが肯定されている。すなわち，判例（最判昭46・6・3民集25・4・455）は，Yが弟Aに土地を贈与し，その所有権移転登記手続のために実印・印鑑証明書などをAに交付したところ，AがYの代理人としてこれらを使用してXと債務保証契約を締結した事案において，登記申請行為自体は公法上の行為であっても，その行為が私法上の契約による義務履行のためになされるものであるときは，その権限を基本代理権として110条の表見代理が成立しうるとした。一方，印鑑証明書下付申請行為の代理権については，判例は110条の基本代理権にならないとしている（最判昭39・4・2民集18・4・497）。

(4) 正当な理由とは

　110条の表見代理が成立するためには，第三者において代理人に権限があると信ずべき「正当な理由」があることが必要である。通説では，正当な理由とは，代理人に代理権限があるということについて，第三者が過失なく信じたこと（善意無過失）を意味するとされる。なお，髙森説は，「本人に代理権の有無・範囲について問い合わせすることをまったく不要と感じさせるほどの客観的事情があり，それゆえ代理権ありと信じたこと」を意味するとする（髙森・民法総則・118）。代理権の存在を推測させるような事情がある場合には，正当な理由ありと認められうる。判例（最判昭35・10・18民集14・12・2764）は，AがXから15万円を借金するに際してYが連帯保証するためにAに実印を交付したところ，AがXから40万円を借り受け，Yに無断で実印を使って保証契約を締結した事案で，「取引の相手方である第三者は，特別の事情のない限り，実印を託された代理人にその取引をする代理権があったものと信ずるのは当然であり，かく信ずるについての過失があったものということはできない」とした。なお，代理人が夫婦や親子等の場合には，本人の実印を保管していてもおかしくない関係にあるため，その所持だけでは正当な理由ありとは認められにくい。判例（最判昭27・1・29民集6・1・49陸軍司政官夫人事件）は，夫の実印を保管していた妻が夫の出征中に，夫に無断で第三者に夫の所有不動産を売却した事案で，夫の実印を妻が保管していたという事実だけでは，本件売買契約について妻が夫を代理する権限をもっていたと第三者が信ずべき正当な理由があったとはいえないとした。なお，取引環境や職種などによっては，相手方が代理権限の存否について調査・確認する義務を負う場合がある。特に，相手方が金融機関や不動産業者などの場合には厳格な調査・確認義務が求められるとされる（最判昭45・12・15民集24・13・2081）。この義務を怠ると，相手方の過失とされて正当な理由が否定されることになりうる。

(5) 日常家事行為と表見代理

　夫婦の一方が日常の家事に関して第三者と法律行為をしたときは，他方はこれによって生じた債務について連帯責任を負う（761条）が，夫婦はこの日常家事行為について互いに代理権（日常家事代理権）を有するといえるか。また，夫婦の一方が日常家事代理権の範囲を超えて第三者と法律行為をした場合に，

110条の表見代理が成立するかどうかが問題となる。判例（最判昭44・12・18民集23・12・2476）は，夫婦が日常家事代理権を有するかにつき，761条は実質的には「夫婦は相互に日常の家事に関する法律行為につき他方を代理する権限を有することをも規定している」として，これを肯定した。その上で，夫婦の一方が日常の家事に関する代理権の範囲を超えて第三者と法律行為をした場合において110条が適用されるかにつき，「その代理権の存在を基礎として広く一般的に民法110条所定の表見代理の成立を肯定することは，夫婦の財産的独立をそこなうおそれがあって，相当でない」として110条の（直接）適用を否定しつつ，「第三者においてその行為が当該夫婦の日常の家事に関する法律行為の範囲内に属すると信ずるにつき正当な理由のあるときにかぎり，民法110条の趣旨を類推適用して，その第三者の保護をはかれば足りる」とした。これは，夫婦は互いに日常家事代理権を有しており，夫婦の一方がその範囲外の行為をした場合には，110条を類推適用し，第三者においてその行為が当該夫婦の日常家事に関する法律行為の範囲内に属すると信じたことにつき正当な理由があれば第三者が保護されるという見解である。これが判例・通説であるが，学説においては，110条の直接適用を認める見解も有力に主張されている（髙森・民法総則・121）。

4　代理権消滅後の表見代理

【設例21】　AはBに自己が取り扱っている物品の売却に関する代理権を与え，取引先との物品取引を任せていた。ある日，AはBとの委任契約を解除してBの代理権を剥奪した。ところが，その後Bは今までどおりAの代理人として当該物品を取引先Cに売却した。この場合，CはAに物品の引渡しを請求できるか。

(1)　意　義

代理権消滅後の表見代理とは，かつて代理人であった者が，代理権消滅後にその代理権の範囲内で第三者との間で代理行為をした場合をいう（112条1項）。また，かつて代理人であった者が，代理権消滅後に，その代理権の範囲外の行為をしたような場合もこのタイプの表見代理にあたる（2項）。

(2) 要件・効果

①代理権消滅後に代理権の範囲内の行為がなされた場合（112条1項）　原則として無権代理となるが，次の要件を満たせば，表見代理が成立し，その効果は本人に帰属する（112条1項）。(a)かつて存在していた代理権が消滅していたこと，(b)消滅した代理権の範囲内で代理行為が行われたこと，(c)第三者が代理権消滅の事実について善意無過失であることである。【設例21】では，(a)かつて本人AはBに対して物品売却の代理権を与えていたが，その後Bの代理権は消滅している。(b)それにもかかわらずBがAの代理人として第三者Cとの間で消滅した代理権の範囲内で物品を売却している。(c)この場合，Cとしては，Bの代理権が消滅したことを知らず（善意），知らないことについて過失もなかったときは（無過失），表見代理が成立して，本人Aに物品売却の効果が帰属する。つまり，CはAに物品の引渡しを請求できる。

②消滅した代理権の範囲外の行為がなされた場合（112条2項）　他人に代理権を与えた者は，代理権の消滅後に，その代理権の範囲内でその他人が第三者との間で行為をしたとすれば112条1項の規定によりその責任を負うべき場合において，その他人が第三者との間でその代理権の範囲外の行為をしたときは，第三者がその行為についてその他人の代理権があると信ずべき正当な理由があるときに限り，その行為についての責任を負う（112条2項）。すなわち，以下の要件を満たせば，表見代理が成立し，本人に効果が帰属する。(a)かつて存在していた代理権が消滅していたこと，(b)消滅した代理権の範囲外の代理行為が行われたこと，(c)第三者が当該行為についてその他人に代理権があると信ずべき正当な理由があることである。

> 木を見る：演習問題

1. 代理とはどのような制度か，また代理にはどのような種類があるか。
2. 代理権の発生原因と消滅原因，代理権の範囲を説明しなさい。
3. 代理人自身により代理行為ができない場合はどうするか。
4. 代理権の濫用と代理行為の瑕疵について説明しなさい。
5. 無権代理の効果と追認について説明しなさい。

第6章　法律行為3

6．無権代理行為の相手方の権利と無権代理人の責任について説明しなさい。
7．表見代理の種類とそれぞれの意義・要件・効果について説明しなさい。

📖 おすすめ文献
①中田邦博・後藤元伸・鹿野菜穂子『新プリメール民法1　民法入門・総則〔第3版〕』（法律文化社，2022年）。
　　民法のテキストとして大変定評のあるシリーズである。コラム欄（WINDOW）が充実しているなど初学者でも読みやすい本である。
②中舎寛樹『民法総則　第2版』（日本評論社，2018年）。
　　民法総則の概説書として内容が充実しており，学習用の参考書としても大変役立つ1冊である。
③佐久間毅『民法の基礎1　総則〔第5版〕』（有斐閣，2023年）。
　　民法の基礎というタイトルであるが，内容は非常に充実している。CASE（事案）を挙げながら説明が進められており，具体的にイメージして学習を進めることができる。

第7章 無効と取消し

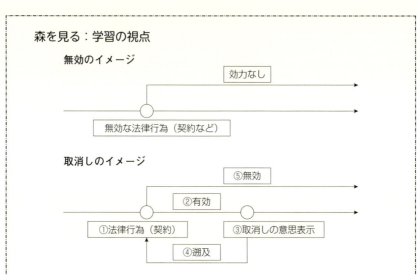

森を見る：学習の視点

無効のイメージ

取消しのイメージ

　本章では，無効と取消しについて学ぶ。無効や取消しは，法律行為や意思表示の効力が否定される制度である。無効は，最初から法律行為の効力が生じない場合をいい，意思無能力，公序良俗違反，強行法規違反，心裡留保，虚偽表示などと関連している。取消しは，法律行為は一応有効だが取消しの意思表示によって遡及して効力がなくなる場合であり，制限行為能力，錯誤，詐欺，強迫などと関連する制度である。ここでは，そうした他の制度との関係性を意識しながら，無効と取消しの違いをしっかりと学んでほしい。

1　無　効

1　無効とは

【設例1】　重度の認知症患者であるAが友人Bに対して100万円を贈与する旨の意思を表示してBがこれを受諾した。この契約は有効になるか。

【設例2】　Xから借金をしているAがXの差し押さえを免れるために友人Bと示し合わせて自分が所有する甲土地をBに売り渡したように仮装した。この売買契約は有効か。

(1) 無効の意義

無効とは，契約など法律行為の効力が当然に最初から生じないことをいう。【設例1】では，Aが100万円を贈与する意思表示をした時に意思能力を有しなかったときは（すなわち意思無能力者であったならば），贈与契約は無効となる（3条の2）。【設例2】では，AとBの甲土地売買契約は虚偽表示であり，契約をした当初から無効となる（94条1項）。

(2) 無効な法律行為

法律行為が無効になるケースとして次の場合がある。

①意思能力をもたない者（意思無能力者）が行った契約などの法律行為は無効である（3条の2）。例えば，重度の認知症高齢者や幼児などは意思無能力者とされており，これらの者が行った契約は無効となる。【設例1】がこれにあたる。②公序良俗（公の秩序又は善良の風俗）に反する法律行為は無効である（90条）。例えば，愛人契約・殺人契約・談合・暴利行為などは，公序良俗に反して無効になる。③強行規定に反する法律行為は無効である（91条反対解釈）。例えば，利息制限法は強行規定とされており，利息制限法が定める制限利率を超える利息に関する契約は，その超える部分が無効になる（同法1条）。④心裡留保による意思表示は原則として有効である（93条1項本文）。しかし，例外として，意思表示の相手方が，表意者の真意（冗談やウソであること）を知っていたり（悪意），普通に注意していれば真意を知りえた場合（有過失）には，無効となる（同項ただし書）。⑤相手方と通じてした虚偽の意思表示（通謀虚偽表示）は無効である（94条1項）。【設例2】がこれにあたる。⑥代理権を有しない者（無権代理人）が，代理人と称してした法律行為は本人に対し効力を生じない（113条1項）。本人に効果が帰属しないという意味において無効と同じになる。

2　無効の種類

(1) 絶対的無効と相対的無効

無効には，絶対的無効と相対的無効の2つの場合がある。

①**絶対的無効**　**絶対的無効**とは，何人の主張がなくても，はじめから当然に法律行為の効力が生じない場合をいう。つまり，誰からでも，誰に対しても，いつでも主張することができる無効を意味する。公序良俗に反する法律行為（90条），強行規定に反する法律行為（91条）が絶対的無効の典型例である。

②**相対的無効**　**相対的無効**とは，法律行為は無効になるが，無効主張できる者や無効主張の相手方が制限される場合である。以下の2つの場合がある。
(i)無効主張できる者が制限される場合　意思無能力者による法律行為の無効（3条の2）は，相手方や第三者から無効を主張することは許されず，意思無能力者側からのみ無効主張が可能であるとされている。これは意思無能力者を保護するための制度だからである。
(ii)無効主張の相手方が制限される場合　無効は，原則として誰に対しても主張できるが，例外的に無効主張の相手方が制限される場合がある。例えば，心裡留保や虚偽表示による意思表示の無効は，「善意の第三者」に対抗することができない（93条2項，94条2項）。

(2) 全部無効と一部無効

通常，法律行為の内容全体に無効原因がある場合には，その法律行為全部が無効となる（**全部無効**）。例えば，意思無能力者が行った契約や公序良俗に反する契約などは，その契約（法律行為）全体が効力を生じないことになる。一方，法律行為の内容の一部にだけ無効原因がある場合には，その法律行為の全部が無効になるのか（全部無効），それとも無効原因がある部分だけが無効になるのか（一部無効）が問題となる。

この点，明文の規定がある場合は，その規定による。例えば，利息制限法1条は金銭消費貸借契約による制限利率を規定しており，制限利率を超える利息の約定は，その超える部分のみ無効になると定めている。そのほか，民法で一部無効を定めているものとして，永小作権の存続期間（278条1項），不動産質権の存続期間（360条1項），買戻しの期間（580条1項），賃貸借の存続期間（604条1項）などがある。

明文規定がない場合は，法律行為の一部のみを無効とすることが当事者の意思や法の趣旨に反しない限り全部無効とはせず，法律の規定・慣習・条理などで補充的に解釈して一部だけを無効とし，全体としては法律行為の効力を維持すべきであるとされる。判例（最判昭47・12・19民集26・10・1969）は，契約の一部の目的について無効原因が存する場合でも，その部分を除いてなお契約当事者の意図した目的の達成が可能であるときは，この目的の達成が可能である範囲で有効とすることが契約当事者の意思に合致し，公平の原則にかなうとしている。つまり，無効な部分を除いた残部の効力を維持することが，当事者の意図に明白に反したり，公序良俗に反するものでない限り，一部無効にとどめるべきであろう。なお，判例（最判昭30・10・7民集9・11・1616）は，芸娼技契約（金銭消費貸借契約の債務を人身売買的な酌婦稼働によって弁済する契約）の無効が争われた事案において，金銭消費貸借契約による金員の受領と酌婦としての稼働は密接に関連して互いに不可分の関係にあるとし，契約の一部である稼働契約の無効は金銭消費貸借を含む契約全部を無効にするとした。

3　無効の効果
(1)　基本的効果
　法律行為が無効である場合，その法律行為による権利や義務は発生しない。例えば，意思無能力者が行った売買契約が無効となった場合，売買目的物の所有権は相手方に移転せず，代金や目的物引渡に関する債権や債務も発生しない。【設例1】では，意思無能力者AとBの贈与契約は無効であり，Bは100万円の引渡しを請求することはできない。また，【設例2】では，AとBの甲土地売買契約は虚偽表示により無効であり，Aは代金支払をBに請求することはできず，Bは甲土地引渡しをAに求めることはできない。

(2)　原状回復義務
　原則として，法律行為が無効である場合，その無効な行為に基づく債務の履行として給付を受けた当事者は相手方に対して**原状回復義務**を負う（121条の2第1項）。原状回復義務とは，法律行為の当事者が互いに法律行為をする前の元の状態（原状）に戻す（回復する）義務をいう。例えば，【設例1】において，BがAから贈与契約に基づき100万円の引渡しを受けていた場合には，100万

円全額をAに返還する義務を負う。また，【設例2】において，AがBから売買代金を受領し，BがAから甲土地の引渡しを受けていた場合には，互いに受領した代金と甲土地を相手方に返還しなければならない。なお，原状回復義務のある者が受領した金銭を消費した場合，原則として全額返還する義務を負う。また，受領した目的物が滅失するなどして現物返還できない場合，目的物の価値相当額の金銭を返還する義務を負う。これを**価値償還義務**という。

(3) 現受利益の返還（現存利益の返還）

例外として，一定の場合には，無効による原状回復義務の範囲は「現に利益を受けている限度」に限られる（121条の2第2項・3項）。これを**現受利益（現存利益）の返還**という。「現に利益を受けている限度」とは，無効な行為によって得た利益が，そのまま残存あるいは形を変えて残存している場合，その分だけを返還すればよいということを意味する。例えば，無効行為に基づいて金銭の給付を受けた者が，その金銭を遊興費等で浪費してそれが残っていない場合には，現受利益がないためその分を返還する義務を負わない。しかし，給付を受けた者が，受領した金銭を生活費や債務弁済に充てた場合には，現受利益があると考えられるためその分を返還しなければならない（大判昭7・10・26民集11・1920生活費支弁事件。本件では無能力者（現在の制限行為能力者）が取り消し得べき法律行為により相手方から受領した金銭を生活費と債務弁済に充てたという事案で現受利益ありとされた）。これは本来なら自己の財産から生活費や債務弁済に支出することにより自己財産が減少するはずであったところ，無効行為により受領した金銭をその支出に充てることで，自己財産の減少を免れたという利益を現に受けているからである。民法は，現受利益の返還でよい場合として，2つのケースを規定している。

①無償行為に基づき善意で給付を受けた者（同条2項）　無効な無償行為に基づく債務の履行として給付を受けた者が，給付を受けた時にその行為が無効であることを知らなかったときは（善意），その行為により「現に利益を受けている限度」（現受利益）において，返還の義務を負えば足りる（同条2項）。例えば，【設例1】において，無効な贈与契約（無償行為）によりAから100万円の贈与を受けたBが受領した100万円のうち30万円を遊興費に使ってしまった場合，Bが100万円を受領した当時に贈与契約が意思無能力により無効である

ことを知らなかった（善意）ときは，「現に利益を受けている限度」すなわち70万円のみAに返還すれば足りる。一方，Bがこの贈与契約が無効であることを知っていた場合は（悪意），全額返還しなければならない。

②意思無能力者・制限行為能力者（同条3項）　無効な法律行為をした時に意思無能力であった者は，無効であることを知っているかどうかにかかわらず（善意・悪意を問わない），その行為によって「現に利益を受けている限度」において返還義務を負う（同条3項前段）。これは意思無能力者を保護するためである。例えば，AがBに自己所有の絵画を100万円で売却したが，その売買契約はAが意思無能力者であったため無効だとする。Aが売買代金として受領した30万円を浪費し，残り70万円を銀行に預金した場合，意思無能力者Aが当該売買は無効であることを知っていたかどうかにかかわらず，現受利益である70万円のみBに返還すればよい。これは法律行為の時に制限行為能力者であった場合も，同様である（同条3項後段）。

4　無効行為の追認

　無効な法律行為は追認しても有効とはならないが，当事者がその行為が無効であることを知って追認をしたときは，新たな行為をしたものとみなされる（119条）。例えば，【設例2】において，Xから借金をしているAがXの差し押さえを免れるために友人Bと示し合わせて自分が所有する甲土地をBに売り渡したように仮装した後，AはBに対して甲土地を現実に売買しようと言い出し，Bもこれを了承したとしたらどうなるか。この事例では，当初行われたAとBの甲土地売買契約は虚偽表示で無効である（94条1項）。しかし，その後，当事者であるAとBはこの契約が無効であることを知ったうえで追認している。この場合，甲土地売買契約は新たな売買契約として，その追認のときから効力を生じる（119条）。ただし，追認しても効力が生じない場合もある。例えば，公序良俗や強行規定に反する法律行為は，絶対的に無効であり，追認してもその効力は生じない。なお，無権代理行為については，本人が追認すれば「契約の時にさかのぼって」有効となり，本人に効果帰属する（116条）。

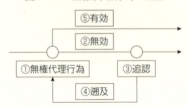

5 無効行為の転換

　無効行為の転換とは，ある法律行為が無効ではあるが，他の法律行為の要件を満たしているならば，その法律効果を生じさせることをいう。例えば，AがB所有の甲土地に関して地上権設定契約を締結したところ，工作物・竹木の所有を目的としていなかった場合には無効な契約となってしまうが（265条），土地賃貸借契約の要件を満たしているならば（601条），有効な賃貸借契約として認める場合である。なお，明文上，秘密証書遺言の方式を欠いている遺言が自筆証書遺言の方式を満たすならば後者の遺言としての効力が認められている（971条）。なお，判例は，不倫相手との子（非嫡出子）を妻との間の子（嫡出子）として届け出た場合に認知としての効力を認めた（大判大15・10・11民集5・703，最判昭53・2・24民集32・1・110）。しかし，他人の子を養子とするため，自分の嫡出子として出生届をしても，養子縁組としての効力は認められないとされた（最判昭50・4・8民集29・4・401）。

2　取消し

1　取消しとは

【設例3】　未成年者Aは親の同意を得ずに友人Bから10万円でバイクを買った。
【設例4】　AはBの詐欺により偽物の絵画を買わされてしまった。

(1) 取消しの意義

　取消しとは，いったん有効に発生した法律行為の効力を後から行為のときにさかのぼって（遡及して）失わせることをいう（121条）。すなわち，取り消すこ

とのできる法律行為は，取り消すまでは有効であり，取消しの意思表示がなされることにより，最初にさかのぼって効力がないものと扱われることになる。取消しは，取消権者の一方的な意思表示で効力が生じるので，法律行為の分類でいえば単独行為となる。なお，取消しは，相手方に対する意思表示によってする（123条）。【設例3】では，AとBのバイク売買契約は有効であるが，Aまたはその法定代理人である親は，Bに対して取消しの意思表示をすることにより，バイク売買契約を契約時に遡って無効なものとすることができる（5条2項）。また【設例4】では，AとBの偽物絵画の売買契約は有効であるが，Aが詐欺による意思表示を取り消すことにより，売買契約の効力を否定することができる（96条1項）。

なお，取消しに似たものとして**撤回**という制度がある。撤回とは，まだ終極的な効果を生じていない法律行為に関して，将来に向かって効力が生じるのを妨げ，または既に発生した効力の存続を阻止する一方的な意思表示をいう。民法が定める撤回の例として，契約申込みの撤回（523条1項，525条1・2項），解除の撤回（540条2項），相続の承認・放棄の撤回（919条1項），遺言の撤回（1022条）などがある。

(2) 取り消すことができる法律行為

取り消すことができる法律行為として次の場合がある。まず，①制限行為能力者による法律行為，すなわち，未成年者が法定代理人の同意を得ずに行った法律行為（5条2項），成年被後見人が単独で行った法律行為（9条），被保佐人が保佐人の同意を得ずに行った13条1項所定の法律行為（13条4項），被補助人が補助人の同意を得ずに単独で行った特定の法律行為（17条4項）である。次に，②瑕疵ある意思表示として，詐欺・強迫による意思表示（96条1項），錯誤（95条）がある。③その他，詐害行為の取消し（424条），夫婦間の契約取消し（754条），婚姻の取消し（743条），縁組の取消し（803条）などがある。

(3) 取消権者

取消しを主張できる者（取消権者）は次のように限定されている。まず，①制限行為能力者による法律行為の場合（120条1項）は，本人（未成年者・成年被後見人・被保佐人・被補助人），その代理人（親権者や未成年後見人，成年後見人），承継人（相続人などの包括承継人や特定承継人），同意権者（保佐人，同意権を付与

された補助人）が挙げられる。②瑕疵ある意思表示の場合（同条2項）は，瑕疵ある意思表示をした者（錯誤・詐欺・強迫によって意思表示した者），その代理人，承継人が取消権者となる。

2　取消しの効果
(1)　遡及効
　法律行為が取り消されると，その法律行為は当初に遡って無効となる（121条）。これを遡及効という。取消しは，相手方に対する意思表示によって行う（123条）。取消しの効果は，原則としてすべての人に対して主張できる。ただし，錯誤・詐欺による取消しの場合は，取消前に利害関係に入った善意無過失の第三者に対抗することができない（95条4項，96条3項）。
(2)　原状回復義務・現受利益の返還
　取消しは一旦有効になった法律行為が当初に遡って無効になる点で無効とは異なるが，原状回復義務や現受利益の返還については基本的には無効と同様である（121条の2第1項〜3項）。

> *Column*　**取消しと現受利益**
> 　未成年の高校生Aが親に内緒で友人Bから10万円を借りたとしよう。Aはこのお金のうち7万円を遊びに使い，2万円を学習塾の月謝にあて，1万円を貯金したとする。その後このことが親にばれたためAが借金を取り消した場合，AはBに対して原状回復義務を負うが，その範囲は現受利益の返還で足り，学習塾の月謝にあてた2万円と貯金1万円の計3万円だけBに返還すればよいとされる。つまり遊びに使った7万円は現受利益にはならず返還の必要がなくなってしまう。

3　取り消すことができる行為の追認
(1)　追認の意味
　追認とは，取り消すことができる行為を有効に確定する意思表示をいう。追認すると，取り消すことができる行為は初めから有効であったものと確定し，それ以後は取り消すことができなくなる（122条）。追認は，相手方に対する意思表示によってする（123条）。なお追認できるのは取消権者（120条）である。

図7-3　追認とは

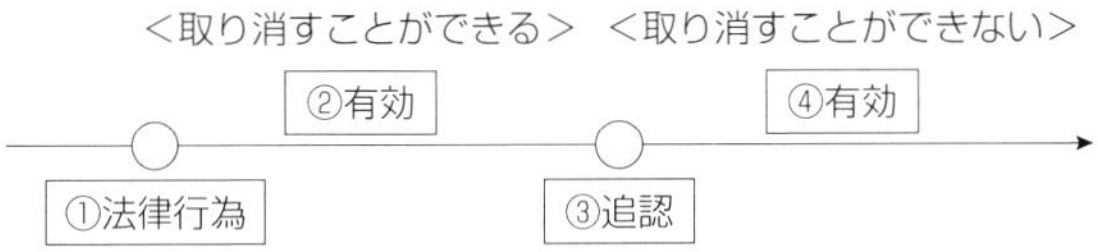

```
＜取り消すことができる＞　＜取り消すことができない＞
          ②有効                    ④有効
─────○─────────────○───────────────→
      ①法律行為              ③追認
```

(2) 追認の要件

追認をするには，次の２つの要件を満たさなければならない。

①取消しの原因となっていた状況が消滅したこと（124条１項）　制限行為能力者は行為能力者となった後でなければ追認できない。錯誤・詐欺・強迫の場合は，その状況が消滅した時に追認をすることができる。つまり，正常かつ自由な判断が可能となった時に追認できるということである。例えば，強迫による意思表示の追認は，強迫されている状態がなくなり，取消しができることを知った後にしなければならない。強迫状態が継続している間に追認しても無意味だからである。例外として，以下の場合には，取消しの原因となっていた状況が消滅していなくても追認が可能である（同条２項）。(i)法定代理人又は制限行為能力者の保佐人若しくは補助人が追認するとき（１号），(ii)制限行為能力者（成年被後見人を除く）が，法定代理人，保佐人又は補助人の同意を得て追認をするとき（２号）である。【設例３】において，未成年者Ａが追認をするには成年（18歳）に達していなければならないが，法定代理人である親が追認する場合や親の同意を得て追認する場合にはその必要はない。

②取消権を有することを知ったこと（同条１項）　追認は，取消権を失うということであるから，追認権者が自分に取消権があることを知っていることが必要である。

(3) 法定追認

法定追認とは，取消できる行為について，追認したと認められるような事実があった場合に，取消権者が追認する意思を有するかどうかにかかわらず，追認したものとみなされることをいう（125条本文）。相手方の信頼を保護するとともに，法律関係の早期安定を図るという趣旨である。なお，無権代理行為の追認には法定追認は適用されない。

法定追認が生じる要件は，以下のとおりである。①125条の列挙事由がある

こと，②取消権者により列挙事由が行われること，③追認をすることができる時以後に列挙事由が生じたこと，④追認権者が異議をとどめないことである。なお，異議をとどめるとは，取消権者が125条の列挙事由にあたる行為を行う際に，取消権の行使を留保するということを相手方に示した場合や，法律行為が有効であることを確定させる趣旨ではない旨を表示したような場合を指す。

　125条は，法定追認となる事由として，以下の行為を列挙している。①全部又は一部の履行（1号）。取消権者が債務者として債務を履行した場合や，債権者として相手方の履行を受領した場合である。②履行の請求（2号）。取消権者が相手方に履行を請求した場合である。相手方から履行を請求された場合は含まれない。これには相殺の意思表示も含まれる。③更改（3号）。取消権者が債権者として更改する場合のほか，債務者として更改する場合も含まれる。④担保の供与（4号）。取消権者が債務者として相手方に担保を供与した場合や，債権者として相手方から担保の供与を受けた場合である。⑤取得した権利の全部又は一部の譲渡（5号）。取消権者が，取り消しうる法律行為によって取得した金銭や物の全部または一部を，他人に贈与あるいは売却するような場合である。⑥強制執行（6号）。取消権者が債権者として相手方に対して強制執行をした場合である。取消権者が債務者として強制執行をされた場合は含まない。例えば，【設例4】において，AがBの詐欺により偽物絵画の売買契約をした後，Aは詐欺の事実に気づいたのに，その偽物絵画を第三者Cに転売したような場合，上記5号の事由に当てはまり，追認したものとみなされて，詐欺による意思表示の取消しができなくなる。

4　取消権の期間制限

　次の場合には，取消権は時効によって消滅する。①追認をすることができる時から5年間行使しないとき（126条前段）。「追認をすることができる時」とは，取消しの原因となっていた状況が消滅し，かつ取消権を有することを知った時（124条1項）を意味する。例えば，未成年者は，成年になってから5年間，強迫により意思表示した者は強迫を受けなくなってから5年間の経過により取消しできなくなる。②行為の時から20年を経過したとき（126条後段）。例えば，未成年者が親の同意なく契約をしてから20年経過したとき，強迫によっ

て契約をしてから20年経過したときに取消しできなくなる。これは除斥期間であるとされている。

5　無効と取消しの二重効

　法律行為が無効となる場合と取消しできる場合が競合することがある。例えば，制限行為能力者が意思能力を欠く状態で法律行為をした場合や，表意者が相手方の詐欺・強迫によって公序良俗に反する法律行為をしたような場合，法律行為は無効であると同時に取消しできるという状態でもある。このような場合，当事者は無効主張と取消権行使のどちらを選択すべきであろうか。この点，原則として，無効と取消しのどちらを主張してもよいと解されている。これを無効と取消しの二重効という。

木を見る：演習問題

1．無効になる法律行為と取消しできる法律行為の具体例を挙げなさい。
2．無効と取消しの効果を説明しなさい。
3．無効行為を追認できる場合とその効果を説明しなさい。
4．無効行為の転換とはどのような制度か。
5．法定追認の要件は何か。
6．無効主張や取消権行使はいつまでできるか。

📖 おすすめ文献

①永田眞三郎・松本恒雄・松岡久和・横山美夏『民法入門・総則　エッセンシャル民法1〔第5版補訂版〕』（有斐閣，2023年）。
　　コンパクトな内容でわかりやすく説明されており，初学者向けのテキストとして大変役立つ1冊である。コラム欄も充実している。

②我妻榮・有泉亨・川井健・鎌田薫『民法1　総則・物権法〔第4版〕』（勁草書房，2021年）。
　　民法の古典的なテキストではあるが，現代的内容にアップデートされている。通説（我妻説）を理解するのに役立つ。

第8章 条件・期限・期間

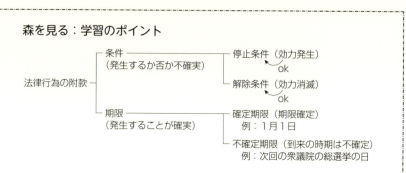

森を見る：学習のポイント

法律行為には、「大学に合格したら時計をプレゼントする」など、条件や期限が付される契約がある。このような契約は、約束した時点で契約は有効に成立しているが、契約と同時に効力が発生しているわけではない。このような法律行為の一部を制限することや条件・期限のことを法律行為の附款といいます。

第8章では、法律行為の附款について学びます。日常生活においても身近な内容であり、期限や条件についてそれぞれの違いを確認しながら学んでいきましょう。

1 条件と期限

1 法律行為の附款

　法律行為の「附款」とは、法律行為の効力の発生または消滅を一定の仕方で制限するための約款であり、具体的には「条件」と「期限」がこれに当たる。例えば、「この時計をあげよう」と言い、相手方が「ください」との意思表示をすれば、贈与契約が締結され、その合意が真正に成立するならば、法律行為の効力は発生する。しかし、その時計の贈与について「試験に合格したならばあげよう」といった条件が付された場合や、「次の誕生日がきたらあげよう」といった期限が付された場合は、その事実が成立しなければ、法律行為の効力

は発生しない。

　前者の場合，試験に合格するか否かは将来の不確実な事実であり，この事実の成否によって贈与契約の効力の発生が決定する。これを「条件」という。後者の場合，将来確実に到来する事実ではあるが，この事実が到来しない限り，贈与契約の効力は生じない。これを「期限」という。

　なお，法律行為の附款（条件・期限）は，法律行為の内容であり，その効力の発生または消滅を制約するが，法律行為の成立や効力発生の要件ではない。

2　条　件

(1)　条件の意義

　条件とは，法律行為の効力の発生または消滅を将来の不確実な事実に係らせる附款のことをいう。条件は，その成就によって法律行為の効力がどのような影響を受けるかによって分類される。条件には，条件の成就により法律行為の効果が発生する「停止条件（条件成就まで効力の発生が停止している）」（127条1項）と，条件の成就により既に発生している法律行為の効果が消滅する「解除条件（条件成就によって発生していた法律行為が解消される）」（127条2項）がある。先の事例に挙げた「試験に合格したならば時計をあげよう」というのが停止条件であり，「時計はあげるが，試験に落ちたら返してもらう」というのが解除条件である。

　条件の効果はいずれも条件成就の時から効力が生じる。しかし，当事者が条件成就の効果を，特にそれ以前に遡らせる意思を表示したときは，遡及して法律行為の効果が発生，または消滅する（127条3項）。

(2)　条件付権利の保護

　法律行為に条件が付された場合，当事者の一方は，条件の成否が未定の間で

あっても条件の成就によって一定の利益が得られると期待することになる。この「期待することができる」という地位は（権利ではないが）財産的価値が認められると解されるため，民法はこの期待（地位）を一定の範囲で保護している。

このように，ある結果（利益）の発生を期待する地位が法的に保護される場合，その地位を「期待権」という。また，条件の成否が未定の間に，期待権によって保護される利益のことを「条件付き権利」という。

①期待権の不可侵性　法律行為に条件が付されている場合の各当事者は，条件の成否が未定の間，条件の成就によって相手方が受ける利益を害することはできない（128条）。「試験に合格したならば時計をあげる」といった場合に，その時計を別の人に贈与することや，時計を損傷させるなど，相手方の利益を害した場合は，損害賠償責任を負う。

期待権を侵害した際の法的責任は，一般に不法行為責任と解されているが，各当事者が侵害した場合は債務不履行に基づく契約責任，第三者による侵害があった場合は不法行為責任と解する見方もある。

②条件の成否未定の権利の処分　法律行為に条件が付されている場合であっても，一般の権利・義務と同様に，独立した財産権があると解されるため，条件の成否が未定の間，一般の規定に従い，処分・相続・保存し，またはそのために担保を供することができる（129条）。そのため，不動産については仮登記の手続が定められている。例えば，停止条件付売買における不動産の買主は，所有権移転請求権保全の仮登記（不登105条2号）をしておけば，売主が条件成就未定の間に他人にその不動産を譲渡してしまったとしても，条件が成就した場合に仮登記を本登記になおすことで買主は所有権者として，第三者の譲受人に優先することができる（不登106条）。

③条件成就の妨害　法律行為に条件が付されており，条件の成就によって不利益を受ける当事者が「故意に」条件の成就を妨害した場合，相手方はその条件が成就したものとみなすことができる（130条1項）。

AがBに山林売買のあっせんを依頼し，一定額以上で売却できた場合には報酬額を上乗せする旨の停止条件付の仲介契約を締結したところ，AがBを介さず直接取引をして報酬の支払いを拒んだ事案について，判例は，条件成就

が故意に妨害されたとして，BのAに対する報酬支払を命じた（最判昭39・1・23民集18・1・99）。同様に，条件の成就によって利益を受ける当事者が「不正に」条件を成就させた場合，相手方はその条件が成就しなかったものとみなすことができる（130条2項）。

かつらの製造販売業者であるAとBの間で，①Aはある種のかつらを製造販売しないこと，②違反した場合は違約金を支払うこと，を条件とした示談契約が成立した後に，Bがおとりを使って積極的にAに①に違反する行為をするよう誘発した事案で，判例は不正に条件が成就されたものとみなし，条件の成就を認めなかった（最判平6・5・31民集48・4・1029）。

(3) 条件に親しまない行為

法律行為に条件が付されると，法律行為の効力の発生または消滅が不確定になる。そのため，法律行為の効力が確定的に発生・存続することを必要とする法律行為に条件を付すことはできない。

このように条件を付すことが許されない法律行為を「条件に親しまない行為」という。条件に親しまない行為に条件が付された場合，原則としてその法律行為は無効になると解されている。なお，条件に親しまない行為は，次の2類型に大別される。

①公益的見地から不許可　条件を付すこと自体が強行法規または公序良俗に反する結果となる場合は，条件を付すことが許されない。婚姻や離婚，縁組といった身分行為は，人間の全人格的・無条件的な結合であり，条件を付すことを認めると身分秩序が不安定になるため，条件に親しまない行為とされている。また，相続の放棄のように多くの利害関係人の法的地位を合理的理由なく不安定にする場合や手形行為などの要式行為のように取引秩序を混乱させる場合（手1条2号・12条1項ほか）もまた，条件を付すことができないとされている。

②私益上の不許可　条件を付すことによって，特定人，特に法律行為の相手方の地位を一方的に不安定にするような場合は，条件を付すことができない。解除・取消し・追認・買戻し（579条）などの行為がこれに当たり，単独行為に基づく一方的な意思表示によって法的地位が左右されるような場合は，相手方の地位が著しく不安定になるため，条件を付すことは認められないとされ

ている。相殺については506条1項後段に明文の規定がある。
(4) 条件付法律行為の効力
　条件として付される「事実」は，客観的に成否未定であることが前提となる。そのため，無意味または不適当な条件が付された場合，その法律行為の効力について，民法では次のとおり規定している。
　①既成条件　　条件とした事実が，法律行為の時に既に成否が確定しているものを「既成条件」という。当事者が条件として付した事実が，法律行為の時に既に成就していた，過去の事実の場合，その条件が停止条件であるときはそれを無条件とし，その条件が解除条件であるときはそれを無効とする（131条1項）。すでに税理士試験に合格している状態で，試験に合格したら時計をもらえる契約のようなケースは既成条件となる。また，条件として付した事実が，法律行為の時に既に成就しないことが確定していた場合は同様に，停止条件のときはそれを無効にし，解除条件のときはそれを無条件とする（131条2項）。
　先述したとおり，条件とは法律行為の時にその成否が未定である事実でなければならないため，既成条件は，本来の意味で条件にはなり得ない。しかしながら，当事者が条件成就の成否の確定を知らずに法律行為に及ぶことも考えられるため，法律行為の効力に疑義が生じないよう，民法では既成条件が付されたときの効果を規定している。
　なお，当事者が条件成就の成否が確定していたとしても，それを知らない間は条件付権利の保護が受けられるため，本来どおり128条ないし129条が適用される（131条3項）。
　②不法条件　　内容が不法である条件を「不法条件」といい，法律行為に不法な条件が付された場合，その法律行為は無効となる（132条前段）。不法な条件が付されることによって，法律行為全体が不法性を帯び，強行規定違反や公序良俗違反に当たるためである。不法な行為をしないことを条件とした場合も，法律行為は無効となる（132条後段）。こちらも公序良俗に反する行為であるからである。不法条件は，一般的に付された条件そのものが不法であるため，当該法律行為は無効となるが，場合によっては，条件だけが無効で，法律行為自体の効力に影響を及ぼさないことがありうる。そのため，法律行為の全体の観察が必要となる。

表 8-1　条件付法律行為の効力

		停止条件	解除条件
既成条件	過去の事実が成就	無条件（131条1項）	無効（131条1項）
	不成就	無効（131条2項）	無条件（131条2項）
不法条件		いずれも，法律行為は無効になる（132条前段・後段）	
不能条件		無効（133条1項）	無条件（133条2項）
純粋随意条件		無効（134条）	有効（判例＊）

＊最判昭35・5・19民集14・7・1145

③不能条件　将来実現することが社会通念上有り得ないと考えられる条件を「不能条件」といい，フルマラソンを3分で完走したら時計がもらえる契約のように，法律行為に将来にわたり実現が不能である停止条件が付された場合，その法律行為は無効となる（133条1項）。実現不能な解除条件が付された法律行為は，無条件となる（133条2項）。

④純粋随意条件　条件の成否が単に債務者の意思のみにかかる条件を「純粋随意条件」といい，約束をしていない状況と同じであり法律行為は無効となる（134条）。例えば，「気が向いたら」100万円支払う契約は，債権者の意思には関係なく債務者のみの意思に基づくため契約自体が無効となる。

3　期　限

(1)　期限の意義

期限とは，法律行為の効力の発生・消滅または債務の履行を将来発生することが確実な事実に係らせる附款のことをいう。期限は，ある時点から他の時点までの継続した時の長さを意味する「期間」とは区別しなければならない。期限は到来することによってその法律行為の効力が生じるものであるため，効力が発生・履行する期限を「始期」（135条1項），効力が消滅する期限を「終期」（135条2項）という。

①到来の効果　期限は，その事実が発生した時に到来する。そのため，法律行為に始期を付した場合，期限が到来するまで，法律行為の履行を請求することはできない（135条1項）。始期が到来することによって債務の履行が発生

するものを「履行期限」といい，始期が到来することで法律行為の効力が発生するものを「停止期限（期限到来まで効力の発生が停止しているから）」という。民法では履行期限しか明文化されていないが，契約自由の原則から停止期限も認められると解されている。

　法律行為に終期を付した場合，期限が到来した時に，その法律行為の効力は消滅する（135条2項）。なお，期限は条件と異なり，効力が当事者の特約によっても遡及効を付すことはできないと解されている。

　②確定期限・不確定期限　　期限は，その事実の到来が確実なものであるため，不確実な事実にかからせる条件とは異なる。到来が確実なもののうち，到来時期が確定しているものを「確定期限」という。到来することは確実だが，いつ到来するかはわからないものを「不確定期限」という。「来年の1月1日」のように必ず到来し，かつ，いつ到来するかも確定しているものが確定期限であり，「衆議院が解散したとき」のように，到来すること自体は確定しているものの，いつ到来するかが不確定であるものが不確定期限に当たる。

　③期限に親しまない行為　　期限は，将来発生が確実な事実にかからせる附款である以上，一般に効果が直ちに発生すべき法律行為に付すことはできない。例えば，婚姻や縁組などの身分行為は直ちに効力を有する行為であるため，期限を付すことは想定されておらず，許されない。とりわけ，相殺において期限を付すことは明文で禁止されている（506条1項後段）。

　このように期限を付すことが許されない法律行為を「期限に親しまない行為」という。

(2) 期限の利益

　①期限の利益の意義　　法律行為に期限を付す理由は，それによって当事者の一方または双方が，何らかの利益を受けることが期待されるからであり，期限が到来するまでに当事者が受ける利益のことを「期限の利益」という。

　ここでいう「利益」とは，期限が到来するまで債務の履行を猶予されるという点で債務者に「利益」があることを意味し，多くの場合が債務者に利益があると推定される（136条1項）。

　②期限の利益の放棄　　期限の利益は，放棄することができる（136条2項本文）。例えば，返済期限が定められている場合，債務者は期限の到来前に返済

第 8 章　条件・期限・期間

図 8-1　銀行取引約定書のおける「期限の利益喪失条項」例

> ①甲について次の各号の事由が1つでも生じた場合には、乙からの通知催告等がなくても、甲は乙に対するいっさいの債務について当然期限の利益を失い、直ちに債務を弁済するものとします。
> 　1. 支払の停止または破産手続開始、民事再生手続開始、会社更生手続開始もしくは特別清算開始の申立があったとき。
> 　2. 手形交換所または電子債権記録機関の取引停止処分を受けたとき。
> 　3. 甲または甲の保証人の預金その他の乙に対する債権について仮差押え、保全差押えまたは差押えの命令、通知が発送されたとき。
> 　4. 甲の責めに帰すべき事由によって、甲の所在が乙にとって不明になったとき。
> ②甲について次の各号の事由が1つでも生じた場合には、乙からの請求によって、甲は乙に対するいっさいの債務について期限の利益を失い、直ちに債務を弁済するものとします。
> 　1. 乙に対する債務の一部でも履行を遅滞したとき。
> 　2. 担保の目的物について差押えまたは競売手続の開始があったとき。
> 　3. 乙とのいっさいの約定の1つにでも違反したとき。
> 　4. 甲の保証人が前項または本項の各号の1つにでも該当したとき。
> 　5. 前各号のほか乙の債権保全を必要とする相当の事由が生じたとき。

を完了することができる。期限の利益が放棄されると、期限の到来と同じ法律効果が生じる。

　期限の利益の放棄は、当事者の一方的な意思表示のみによってされる単独行為である。相手方にも期限の利益がある場合であっても、一方の意思表示のみでも可能であると解されている。ただし、期限の利益を放棄することによって、相手方の利益を害することはできない（136条2項但書）。例えば、利息付債務の場合、貸主には利息による収益があるため、期限の利益を放棄し、返済期限前に完済することはできるが、賠償責任を負うこととなる。しかし、期限までに生じる利息を支払えば、相手方の利益を害することにはならないため、期限の利益の放棄は認められる。

　③期限の利益の喪失　　期限の利益は、次の3つに該当するような、債務者が債権者に対して信頼を失うような事実があった場合には期限の利益を主張することはできないとされている（137条）。

　その3つは、①債務者が破産手続開始の決定を受けたとき（137条1号）、②債務者が担保を滅失させ、損傷させ、または減少させたとき（137条2号）、③

債務者が担保を供する義務を負う場合に、これを供しないとき（137条3号）である。これらに該当する場合、債務者側の財産状態が悪化していることが容易に想定される。それにもかかわらず、債権者側に期限の到来まで債権の行使を認めない（要は期限の利益を優先する）とすると、債権者側の利益が不当に害される恐れが高まるため、債務者は期限の利益を主張できないとされている。

ただし、①債務者が破産手続開始の決定を受けたとき（137条1号）に関しては、期限到来前の債権は、破産手続開始時に弁済期限が到来したものとみなされるため（破産、103条3項）、実務的に137条1号が適用される余地はないと解されている。

Column 期限の利益を喪失するケースとは

期限の利益の喪失は、貸金契約において借り手が予定どおりの返済を行わない場合、残りの債務を一括で履行するように要求したり、賃貸借契約において賃借人が賃料を滞納した場合、貸主が契約を解除して物件の引き渡し請求をすることなどを想定し規定されている。

そのため、取引実務においては、どのようなシーンで期限の利益の喪失が生じることが考えられ、どのような法律行為の効力が生じることが適切か、を契約書に明記することが重要である。期限の利益喪失条項は契約の安全と履行の確実性を保証することが重要であり、137条の条項が必要な最たる理由の1つといえよう。

実際の契約書に期限の利益喪失条項を明記することで、契約の安全性を高め、契約違反があった場合のリスクを軽減する効果がある。したがって、各取引契約内容に応じて細やかな内容を明記しておくことが望ましい。過去の銀行取引では、融資取引契約における標準書式として全国銀行協会において「銀行取引約定書ひな型」が定められ期限の利益喪失条項の事例が記載されていたが、2000年に廃止されている。

Column 出世払いは条件か期限か

「条件」とは、将来の不確実な事実にかからせる附款であり、「期限」とは、将来の確実な事実にかからせる附款であるため、一見大別しやすい。しかし、場合によってはその区別が困難になる場合がある。その最たる事例が「出世払い」である。

「出世払い」とは、将来出世（成功）した場合に返済することを約束し、明確な期限を定めずに金銭の貸借をおこなうことである。「出世をしたらお金を返済する」と

いう内容から，出世するか否かは将来の不確実な事実であると考えると，条件（より具体的にいうと停止条件）付きの金銭貸借といえる。しかし，必ず返済はしてほしいが，その返済時期は「出世したとき，または，出世しないことが確定したとき」という内容で出世払いを約束した場合，それは将来到来することが確実な事実であるため，期限（より具体的にいうと不確定期限）付きの金銭貸借と考えることもできる。

こういった場合，条件となるか期限となるかは，法律行為の趣旨や諸般の事情から決定されるべきであるため，一般には意思表示解釈の問題といえる。しかしながら，判例は出世払いの合意を「期限」と解している（大判大 4・3・24民録21・439）。出世払いの言葉の意味合いを考えたときに，当事者の意図するところは，債務を履行するために十分な資力がともなったとき，もしくは，そのような可能性がないことが明らかになったときに返済時期を設定する，と解されるため「不確定期限」とするのが妥当であると判断している。

ただ，出世払いに関しては意図するところから「期限」と解されたが，条件と期限を区別する際には，諸般の事情を総合的に考慮して，当事者間の意思に齟齬がない（適合している）ように解釈しなければならないため，停止条件と不確定期限の区別が微妙な場合はすべからく「期限」と解するものではない点には留意する必要がある。

2　期　間

1　期　間

(1)　期間の意義

期間とは，ある時点からある時点までの継続した時の区分のことをいう。期間は，その経過によって法律行為の効力を発生させるなど，法律上様々な場面で適用され，最も代表的な事案でいうと時効（162条・167条）がそれに当たる。

期間の計算方法は，法令もしくは裁判上の命令または当事者の意思表示など法律行為に別段の定めがあれば自由に設定することができるが，それが定められなかった場合は民法の規定に従うものとされている（138条）。そのため，民法における期間の計算方法は，補充的な性格を有するといわれている。

(2)　期間の計算方法

①自然的計算方法　　期間は，「時（時・分・秒）」を単位として定めることができ，時間によって期間を定めたとき，起算点は「即時」となる（139条）。

例えば，レンタカーを12時間利用する場合，午前8時に借りたのであれば，12時間後に終了し，それをもって満了となるため，午後8時で満了となる。

②暦法的計算方法　期間は，「日，週，月または年」を単位として定めることもできる。ただし，自然的計算方法と異なり，起算点は即時ではない。日，週，月または年といった単位で期間を定めたとき，期間の初日は算入しない（140条本文）。例えば，4月1日から10日間という期間を定めた場合，4月1日は期間に算入されないため，起算点は4月2日からとなり，そこから10日間であるため，4月11日が満了日となる（141条）。これは，日などの期間において端数を加えない（主に当日の途中から期間を定める場合がこれにあたる）ために定められている（初日不算入の原則）。ただし，その期間の起算点が午前0時である場合，端数が発生しないため，この限りではない（初日も算入する）とされている（140条但書）。

(3) 期間の満了日

①週，月，または年の始めより期間を起算する場合　期間は，原則として暦に従って計算される（143条1項）ため，期間の末日の終了をもって満了とする（141条）。

②週，月，または年の始めより期間を起算しない場合　期間が週，月，または年の途中から起算する場合，その期間は最後の週，月，または年においてその起算日に応当する日の前日に満了する（143条2項本文）。例えば，4月1日から1か月間という期間の場合，初日不算入の原則により4月1日は起算日に当たらないため，起算日は4月2日となる。そこから1か月後の応当日は5月2日となるため，その前日である5月1日が満了日となる。

ところが，1月31日から1か月間を期間と定めた場合，満了日は2月30日となるが，暦上存在しない。このように最後の月に応当する日がないときは，その月の末日に満了する（143条2項但書）。

なお，銀行取引のように期間の末日が日曜日や祝日にあたり，その日に取引をしない慣習がある場合に限り，その期間は翌日に満了することとしている（142条）。これを「休日等の特則」という。

第 8 章　条件・期限・期間

> 木を見る：復習問題

1．条件と期限の違いについて，効力の発生の観点から説明しなさい。
2．停止条件と解除条件について具体例を示して説明しなさい。
3．確定期限と不確定期限について具体例を示して説明しなさい。

📖 おすすめ文献
①池田眞朗『スタートライン民法総則〔第 4 版〕』（日本評論社，2024年）。
　　民法学習を志した人が最初に読む本として設計されている。具体的な事例を交えながら，用語解説も丁寧に解説している。
②佐久間毅『民法の基礎 1　総則〔第 5 版〕』（有斐閣，2020年）。
　　基礎的な内容を意識しつつも，高度なレベルにも対応できるように構成されている。
　　具体的な事例を（CASE）として取り上げ，課題を明確にするなど理解を深めるには適している。

第9章 時　効

森を見る：学習の視点

1　時効の種類と要件

- 取得時効 ── ある者が，物を支配又は権利行使を継続した場合，その事実状態を根拠にして，その者に権利の取得を認める制度
- 消滅時効 ── 権利の不行使が継続した場合に，権利が消滅する制度

2　時効障害と時効の中断

- 時効の完成猶予 ── 時効の完成が猶予されること
- 時効の更新 ── これまでの時効期間が消滅し，新たに時効が進行すること
- 時効の中断（自然中断） ── 占有を失うことにより取得時効の時効期間が消滅すること

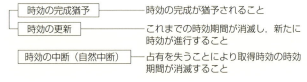

　時効とは，一定の事実状態を尊重し，それを権利関係として認める制度です。事実状態から権利変動が生じるため，当事者の意思に重きを置く意思表示や代理など，契約に関わる制度とは視点が異なります。学習する際には，取得時効と消滅時効，それぞれの成立要件や時効のカウントが始まる起算点を明確にすることがポイントです。また，時効の進行を妨げる時効障害と呼ばれる事由があります。これらは，条文を確認しながらみていくと理解が深まるので，丁寧に条文を読むようにしましょう。

1　時効制度総論

1　時効の意義と存在理由

　時効とは，一定の事実状態が永続した場合に，この状態が真実の権利関係に合致するものかどうかを問わずに，その事実状態をそのまま尊重し，これをもって権利関係と認める制度である。

　時効というと，犯人であっても検察官が起訴できなくなる刑事訴訟法上の公訴時効を思い浮かべそうだが，権利変動を生じる民法上の時効制度とは全くその法律効果が異なる。ただ両者とも，一定の時の経過そのものに法律上の効果が結びついている点から，時効の本質は時の経過にあるといえるであろう。

　民法の時効には，①取得時効と，②消滅時効の2つがある。取得時効とは，権利者ではない者が権利を取得する制度であり，消滅時効とは権利者の権利が消滅する制度である。しかし，そもそもなぜ事実状態を尊重してこれを権利関係に高めようとするのか。時効制度の意義については，伝統的に以下の3つが挙げられている。

　①継続した事実状態の尊重　　ある事実状態が継続すると，その事実状態を信頼して，それを基礎として新たな法律関係が形成されてくる。これを真実の権利関係に基づいてくつがえすと，事実状態を信頼して取引をした者は不測の損害を被ることがある。そこで，事実状態を権利関係に高めて，取引社会の安定を図ることが望ましい。

　②立証の困難性の救済　　長い時間が経過すると，証拠が散逸して真相がわからなくなることが多い。例えば，領収書を何年も保存することはないのが通常であるため，弁済したことを証明できず二重に支払を迫られることが生じうる。このように，立証困難から債務者を保護する必要性がある。

　③権利の上に眠る者はこれを保護せず　　長期間権利行使をしない者は，法律上の保護を望んでいなかったとみられて，その権利を失ったとしても酷とはいえない。また，根底には，長期にわたる事実状態の継続は真実の権利関係であることを強く推認させるという，経験則上の配慮が存在するといえる。

　このように，従来3つの理由が述べられてきたが，いずれかだけで時効制度

を正当化することは困難であり，現在は，時効制度ごとに多元的に存在理由を考えていく必要があると解する立場が通説である。

2　時効の援用と援用権者
(1)　時効の援用

　援用とは，時効の利益を受ける者が時効の利益を受けようとする意思表示である。通説・判例は，時効の完成により自動的に権利の取得や消滅の効果が生じるのではなく，時効の利益を受ける者が援用をすることによって，時効の効果が生じると解する（後述の停止条件説の立場）。民法は，時効の利益を受けようとする者によって**時効の援用**がなされなければ，裁判をすることができないこと（145条），また，時効完成後は**時効利益の放棄**ができることを定めており（146条反対解釈），時効により利益を得る者の意思を尊重している。

　なお，時効の援用は，相手方のある単独行為であり，時効によって不利益を受ける者に対して行う。

(2)　時効援用の法的性質

　145条は，時効の援用がなければ効果は生じないように読める一方，162条，166条では「取得する」「消滅する」と規定しており，時効期間が経過したら当然に時効の効果が生じるようにも読める。そこで，時効の効果が生じるために援用が必要であるのかをめぐる，時効学説とよばれる論点がある。まず，時効は実体法上の権利得喪原因であると解する実体法説があるが，この説は，①確定効果説，②不確定効果説に分かれる。①確定効果説は，162条，166条の文言を重視する立場であり，時効完成により権利の得喪は確定的に生じ，時効の援用は訴訟上の攻撃防御方法であるとする。また②不確定効果説は，②―１時効の完成によって一旦権利の得喪が生じるが，時効の利益の放棄によりその効果が消滅するとする解除条件説と，②―２当事者の意思を尊重し，時効が完成しただけでは権利の得喪は生ぜず，当事者により時効の援用がなされて初めて時効の効果が生じると解する停止条件説に分かれる。これに対し，時効の援用は権利得喪の原因ではなく，**法定証拠**（提出されれば法律上一定の認定がなされる）の提出であると解する訴訟法説（法定証拠説）もある。判例は，「145及び146条が当事者の意思をも顧慮して生じさせることとしている」ことを根拠に，**停止**

図9-1　時効学説

条件説の立場をとっている（最判昭61・3・17民集40・2・420）。

(3) **時効の援用権者**

時効は，「当事者」が援用しなければ，その効力が生じない（145条）（停止条件説の立場）。この点，取得時効で権利を取得する者や，消滅時効で債務を免れる主たる債務者は「当事者」といえる。また，消滅時効の場合の保証人，物上保証人，第三取得者も「権利の消滅について正当な利益を有する者」として援用できる旨明文がある。第三取得者とは，例えば，債権者Aが債務者Bの所有する甲土地に抵当権を設定した後に，甲土地を購入したCをいう。Cは，AのBに対する債権が時効消滅すれば抵当権も付従性により消滅し，甲土地に設定されている抵当権実行を免れるという正当な利益があるため，債権の消滅時効を援用できる。

その他，明文の規定にない者が，「当事者」や「正当な利益を有する者」として時効の援用をすることができるか，具体例をみていく。

①取得時効の援用権者

【設例1】　A所有地上にA所有建物があり，BがAからその建物を賃借していたが，実は土地はC所有であった。当該土地をAが時効取得した場合に，Bが，Aの取得時効を援用することができるだろうか。

判例は，建物賃借人が，建物賃貸人による敷地所有権の取得時効を援用することを認めない。確かに，Aが建物を収去し土地を明け渡すことになればBにも影響が及ぶが，建物賃借人はあくまでも建物使用について権利を有するのみであり，土地の取得時効の完成によって直接利益を受ける者ではない（最判昭44・7・15民集23・8・1520）。よって，Bは援用できない。

また，判例は，自己が直接利益を受ける限度で援用できるとし，被相続人の占有により取得時効が完成した場合，各共同相続人は，自己の相続分の限度でのみ取得時効を援用できるとする（最判平13・7・10判時1766・42）。

②消滅時効の援用権者

> 【設例2】 債務者BがB所有地をCへ贈与した。その贈与が，Bの債権者Aに対する詐害行為であった場合に，受益者Cは，AのBに対する債権の消滅時効を援用できるか。

【設例2】の場合，債権が時効消滅しAが債権者でなくなれば，BC間の贈与を取り消されてCが土地所有権を失うことを免れる，という関係である。よって判例は，詐害行為取消請求権の相手方である受益者は，時効により直接利益を受ける者であり援用できるとする（最判平10・6・22民集52・4・1195）。

これに対し，一般債権者は，権利の消滅について正当な利益を有する者には該当せず，債務者が他の債権者に対して負っている債権の消滅時効を援用することはできない（大決昭12・6・30民集16・1037）。一般債権者とは，債務者に対し担保物権をもたない債権者のことをいい，債務者の責任財産（すべての債権者の債権の引き当てとして執行可能な債務者の全財産）から回収をする債権者である。したがって，例えば一般債権者A，Bが債務者甲に債権をそれぞれ有していたとして，Aは，Bの債権の時効消滅を援用することはできない。

また，判例は，後順位抵当権者は，先順位抵当権者の債権の消滅時効を援用できないとする（最判平11・10・21民集53・7・1190）。例えば，債務者甲の所有する不動産に対して，債権者A，B，Cが順番に一番，二番，三番抵当権を設定していた場合に，Aの甲に対する債権が時効消滅すれば，Aの一番抵当権も付従性によって消滅し，BCの抵当権の順位が上昇する。このため，BCの配当額が増加する可能性があるが，このような利益は抵当権の順位の上昇によって生じる**反射的な利益**に過ぎず，直接利益を受ける者ではないため，BCはAの甲に対する債権の時効消滅を援用できない。

Column　時効援用権を債権者代位することはできるのか

判例は，一般債権者Aは，債務者甲に対する他の債権者Bの債権の時効消滅について，Aが援用して時効消滅させることはできないとする一方，債権者代位権（423条）の要件をみたせば，債務者甲の有するBの債権への時効援用権を，一般債権者Aが代位行使できるとする（最判昭43・9・26民集22・9・2002）。

この考え方によれば，後順位抵当権者は，先順位抵当権者の有する債権の時効消滅を援用できないが，債務者が有する援用権を代位行使して，先順位抵当権者の有する債権を時効消滅させることができると解される。
　債権者代位権による援用を認める解釈は，一般債権者や後順位抵当権者による援用を否定する解釈と矛盾するようにもみえる。しかし，援用の効果は相対効であるのに対し，代位による場合は債務者の援用権行使と同じであり，すべての債権者との間で効力が生じる。このため，援用の相対効によって生じる法律関係の複雑化という問題は生じないという違いがある。

3　時効利益の放棄と時効援用権の喪失

> 【設例3】　債権者Aは，Bに対して有する100万円の貸金債権αの時効期間が経過した後に，Bに対して弁済を求めた。
> ①Bは，α債権の時効完成を知っていたが，必ず弁済するのでもう少し待って欲しいと，Aに弁済の猶予を求めた。
> ②Bは，時効完成を知らないまま，とりあえずその場を収めるために，必ず支払うのでもう少し待って欲しいと，Aに弁済の猶予を求めた。

　時効利益の放棄とは，時効の利益を受けないという意思表示である。時効完成前にあらかじめ時効利益を放棄する旨の意思表示は無効である（146条）。債権者が債務者に金員を貸し付ける際に，将来時効が完成してもこれを援用しない旨の契約を認めると，時効制度を無意味にすることが可能となってしまうためである。反対に，時効が完成した後，その時効利益を放棄することは可能である（【設例3①】は時効利益の放棄に該当する）。
　これに対し，債務者が，時効の完成を認識せずに債務の承認に当たる行為をしてしまった場合に，時効利益を放棄したといえるであろうか。判例は，債務者が時効の利益を放棄したと推定することはできないとしたが，承認をした債務者が改めて時効を援用することは，債権者の期待に反する行為であり，信義則に反し許されないと判断した（最判昭41・4・20民集20・4・702）。この理論を，**時効援用権の喪失**と呼ぶ（【設例3②】は時効援用権の喪失に該当する）。
　なお，時効完成後に時効の利益を放棄した場合であっても，その時から再度，必要な時効期間が経過すれば時効を援用することができる（最判昭45・

195

5・21民集24・5・393)。

4 時効援用の効果（相対効）

> 【設例4】 債権者Aが債務者Bに対して有する貸金債権をCが保証している。保証人Cが，C自身の保証債務の時効ではなく，AのBに対する主たる債権の時効消滅を援用をした場合，AはBに請求できなくなるのだろうか。

　時効援用の効果は，援用した者との間で生じ，他に影響しない（相対効）。したがって，【設例4】では，時効援用の効果はAC間でのみ生じ，AのBに対する貸金債権は消滅しない（これに対して，主債務者Bが時効を援用してAのBに対する債権が消滅した場合，時効ではなく保証債務の付従性によりAC間の保証債務も消滅する）。同様に，時効利益の放棄の効果も相対効である。時効の利益を受けるか否かは，その者の判断にゆだねられているからである。

5 時効の完成猶予事由と更新事由

　一定の事由により，時効の完成が猶予されることを時効の完成猶予（改正前の「停止」）という。また，時効完成前に一定の事由が生じた場合に，これまで進行した時効期間がゼロに戻り，新たに進行することを更新（改正前の「中断」）という。この2つを**時効障害**という。

(1) 時効の完成猶予及び更新

①裁判上の請求等による時効の完成猶予及び更新（147条）

> 【設例5】 AがBに貸金債権を有しており，その弁済期が到来したにもかかわらずお互いに何もしないまま期間が経過した。その後，弁済期から5年が経過する直前にAがBを相手に訴えを提起し，弁済期から5年が経過した後，Bに対してAへ支払う旨命じる判決が確定した。

　裁判上の請求とは，権利者が裁判上で権利の存在を主張することをいい，訴え提起が典型例である。訴えを提起した場合は，権利の上に眠っているとはいえず，また手続の経緯を見守るのが通常であるため，確定判決により権利が確定するまで時効の完成が猶予される（147条1項）。そして，判決により権利義務関係が確定することにより，これまで進んできた時効は意味を失い，更新さ

第9章 時効

図9-2 訴え提起があった場合

れて新たにカウントが始まる（同条2項）。よって，【設例5】では，弁済期から5年が経過しても判決確定までは時効完成が猶予され，判決が確定した時点で時効が更新される。他方，訴えを取り下げたり却下されたりした場合は，「その終了の時から6箇月を経過するまでの間」時効の完成は猶予されるが，更新の効果は生じない（同条1項）。

なお，裁判上の請求に該当する事由として，判例は，給付訴訟の提起のみならず，確認訴訟の提起や反訴提起も該当するとして緩やかに解している。他方，第三者が申し立てた競売手続で抵当権者が債権の届出（民執50条）をした場合は，債権の存在を主張しその確定を求めるものではないとして，裁判上の請求には当たらないとした（最判平元・10・13民集43・9・985）。

また，裁判上の請求と同じく，支払督促（2号），和解又は調停（3号），破産手続，再生手続，又は更生手続参加（3号）をした場合も，裁判所が関与して権利義務関係が確定するため，時効の完成猶予及び更新の効力が生じる。

Column 債権の一部だけ請求したときも，全部の時効が更新されるのか

債権者が訴えの提起による一部請求をした場合，残部についても時効の完成猶予や更新の効果が生じるのか問題となる。債権法改正前の判例では，明示的一部請求の場合は，その範囲のみに時効中断の効力が生じ（最判昭34・2・20民集13・2・209），残部については，裁判上の催告として中断が生じるとしていた（最判平25・6・6民集67・5・1208）。他方，一部請求か否か明示されていない場合は，裁判上の請求として債権全額に時効中断の効力が及ぶとされていた（最判昭45・7・24民集24・7・1177）。

改正後の規定にこれらの判例の解釈をあてはめると，明示的一部請求については，明示した部分に時効の完成猶予・更新の，残部に時効の完成猶予の効力が生じ，一部請求の趣旨を明示していない場合には債権全部に時効の完成猶予・更新の効力が生じると考えられる。

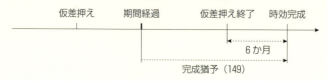

図9-3 仮差押があった場合

②**強制執行等による時効の完成猶予及び更新（148条）**　債権者が強制執行や担保権の実行をした場合，その事由が終了するまで時効の完成が猶予される（148条1項）。また，これらの手続に対し，債務者が異議を述べない以上黙示的承認をしているといえるため，それらの手続が終了した時に時効が更新して新たにカウントが始まる（同条2項）。なお，申立ての取下げ，または法律の規定に従わないことによる取消しによって手続が終了した場合（例：申立ての却下）には時効は更新せず，その終了の時から6か月を経過するまでの間，時効の完成が猶予されるのみである。

(2) **時効の完成が猶予される場合**

①**仮差押え等（149条）**　仮差押え・仮処分は，その後に予定されている本案の訴え提起まで暫定的に時効完成を阻止するものに過ぎず，時効の完成猶予事項として定められている。更新事由ではないため，事由の終了後6か月が経過すれば時効が完成する。したがって，例えば，債権者Aが仮差押えをした後，訴え提起など他の手続をとらなければ，債務者Bは時効を援用してAの債権を消滅させることができる。

②**催告（150条）**　裁判外で請求をすることを催告という。内容証明郵便で支払督促を行うなどの履行の請求が，催告に該当する。催告の時から6か月を経過するまでは時効の完成を猶予し（150条1項），その間に訴え提起など他の手続をとることを想定している。

なお，猶予期間中に再度催告を行ってもその効果は生ぜず，催告を繰り返して時効の完成を引き延ばすことはできない（同条2項）。また，例えば，債権者Aが，弁済期を過ぎてすぐに債務者Bに支払督促をしたとしても，本来の時効の完成時点から6か月分時効の完成が延びるわけではない。

③**協議を行う旨の合意（151条）**　債務者が債権者の権利の承認はしていないが協議に応じているなど，解決に向けて話し合いをしている間は強硬な手段

図9-4　催告があった場合

をとりたくないという債権者側の要請をうけて，時効完成を猶予する規定が設けられている。

合意による時効の完成猶予が認められるためには，権利についての協議を行う旨の合意を書面でしなければならない。

また，時効の完成が猶予される期間は，①当該合意があった時から1年を経過した時，②当事者が協議を行う期間（1年に満たないものに限る）を定めたときは，その期間を経過した時，③当事者の一方が相手方に対して協議の続行を拒絶する旨の書面による通知をした時から6か月を経過した時，以上3つのうちいずれか早い時までである。

1項の猶予期間内に再度合意をして，時効完成の猶予を延長することができるが，本来の時効期間を経過した時から5年を超えることはできない（同条2項）。もはや自発的な紛争解決の見込みは薄いと考えられるからである。また，協議を行う旨の合意による完成猶予は，自発的な紛争解決を図るための期間であると同時に，権利者が時効の更新に向けた措置を講じるための期間でもあり，催告と同様の趣旨に基づく。そのため，催告による完成猶予期間中に協議を行う合意をしても合意による完成猶予の効力は認められず，また，本条の猶予期間中に催告をしても，催告による完成猶予の効力は認められない（同条3項）。

④その他の完成猶予（158条〜161条）　未成年者または成年被後見人に法定代理人がいない場合は，当該未成年者や成年被後見人が行為能力者となった時，または法定代理人が就職したときから6か月を経過するまで時効の完成が猶予される（158条1項）。本人である未成年者や成年被後見人による権利行使ができるようになるまで，完成を猶予する趣旨である。同様に，相続財産に関しては，相続によって権利関係が不明確となるため，相続人が確定した時，管理人が選任された時または破産手続開始の決定があった時から6か月を経過す

るまで時効の完成が猶予される（160条）。天災等による場合も，権利行使が困難と考えられるため，その障害が消滅したときから3か月を経過するまで時効の完成が猶予される（161条）。また，夫婦間の権利は，権利行使等により時効の完成猶予・更新が期待できないため，婚姻解消の時から6か月を経過するまで時効の完成が猶予される（159条）。

(3) 時効が更新される場合の例

①承認（152条）　時効によって利益をうけるべき者が権利者に対して権利の存在を認識していることを表示することを承認という。債務者が支払猶予を求めたり，利息や元本を一部支払ったりすることである。また，判例は，主たる債務者を保証人が相続した後に保証債務の弁済をした場合であっても，主たる債務者としての地位と保証人としての地位により異なる行動をすることは想定し難いとして，主たる債務の消滅時効の（改正前の）中断が生じるとし，主たる債務に対する承認の効果を認めた（最判平25・9・13民集67・6・1356）。

また，承認は，相手の権利存在の認識を示すだけであり，自己の財産の管理行為である。したがって，管理能力を有する被保佐人や被補助人，また権限の定めのない代理人（103条）も承認できる（152条2項）。

②取得時効における中断（164条）　取得時効の占有期間が進行している目的物の占有が失われた時点で，これまで進行した時効はゼロに戻り，新たにカウントが始まる（自然中断ともいう）。

(4) 時効の完成猶予または更新の効力が及ぶ範囲

時効の完成猶予または更新の効果は，当事者及びその承継人に限られている（153条）。このため，時効の利益を受ける者に対して強制執行や仮差押えなどの手続をしない場合は，その者に対して通知をした後でなければ，時効の完成猶予や更新の効力が生じない（154条）。例えば，物上保証人に対して仮差押えをした場合，債務者に対してその通知がなされた後に時効の完成猶予の効力が生じる。債務者が知らないにもかかわらず，その効力を及ぼすのは酷だからである。

2 取得時効

1 取得時効の意義

時効の完成によって権利を取得するのが取得時効である。取得時効には，所有権の取得時効と，所有権以外の財産権の取得時効とがある。

2 所有権の取得時効

時効による所有権の取得は，20年間の占有による場合と，10年間の占有による場合の2つがある。前者は，20年間，所有の意思をもって，平穏かつ公然に，他人の物を占有した場合（162条1項），また後者は，占有開始の時に善意無過失であり，10年間，所有の意思をもって，平穏かつ公然に，他人の物を占有した場合（同条2項）に成立する。

また，悪意か善意・無過失かは占有開始時で判断するため，当初善意・無過失であった占有者が，途中で悪意となった場合でも，10年で足りる。

以下，順に成立要件を見ていく。

(1) **成立要件**

①「所有の意思」に基づく占有　　所有権の取得時効が認められるためには，占有者が所有の意思をもって占有すること，言い換えれば所有者としての占有が必要である（**自主占有**）。これに対し，所有の意思に基づかない占有を**他主占有**という。

所有の意思の有無は，占有の性質に従って客観的に判断され（最判昭47・9・8民集26・7・1348），占有者が所有権を取得する意思を有しているという主観的な意味ではない。したがって，賃借人や使用貸借の借主，受寄者は他主占有者であり，どれほど長期間占有を継続しても時効取得することはできない。他方，他人物売買の買主や不法占有者による占有は自主占有である。

②「平穏」かつ「公然」　　占有者の占有は，平穏かつ公然でなければならない。平穏とは，暴力的なものではないことであり，また，公然とは，隠密でないということである。もっとも，占有が平穏かつ公然であることは推定される（186条1項）。したがって，取得時効の成立を争う者が，占有が平穏でない

ことや隠匿されたものであったことについての主張・立証責任を負う。

③「他人の物」の占有　自分に所有権がある，いわゆる自己の物の時効取得は無意味であると考えられるため，この要件は当然であると同時に，自己の物について取得時効を認める必要性はないようにみえる。しかし，例えばAからBへ不動産の所有権が移転したが，登記名義がAのままであったため，AがB所有となった当該不動産に抵当権を設定し，後に競売されてしまったという場合に，判例は，Bの時効取得を認めている（最判昭42・7・21民集21・6・1643，最判昭44・12・18民集23・12・2467）。時効は，誰の所有であるかにかかわらず，事実状態を権利関係に高めようとする制度であるから，権原が証明できない自己の物についても時効制度の趣旨から取得時効を認めたといえる。

④一定期間の占有の継続　占有者は，他人の物を占有していることについて悪意の場合は20年間（162条1項），占有開始時に善意無過失の場合は10年間，占有を継続すれば時効取得できる（同条2項）。なお，ここでいう善意とは，自己に所有権があると信じていることであり（大判大9・7・16民録26・1108），過失がなかったとは，自己に所有権があると信じることにつき過失がなかったことをいう。

もっとも，占有者の善意は推定されるが（186条1項），無過失である旨の推定規定はないため，10年の取得時効を主張する占有者側が，無過失である旨の主張・立証をしなければならない（最判昭46・11・11判時654・52）。さらに占有者は，10年または20年間占有を継続していたことを立証する必要がある。しかし，占有継続の証明は容易ではないため，「前後の両時点」において占有をした証拠がある場合には，その間占有を継続していたとする推定規定が設けられている（同条2項）。

なお，占有継続中に，占有代理人によって占有されていた場合も，本人の占有となる（181条）。例えば，Aが甲所有建物を占有していたが，途中で甲所有建物をBへ賃貸し引き渡した場合，占有代理人である賃借人Bの占有を通じてAの占有が継続していることになる。

(2) 占有の承継（187条）

> 【設例6】 甲の所有地であることにつき悪意のAが10年占有を継続し，その後，善意無過失のBが甲所有地を購入し5年間占有した。Bは，前主Aの占有も併せて主張することで，甲の土地を時効取得できるだろうか。
> また反対に，善意のCが5年間占有し，その後悪意のDが甲所有地を10年間占有した場合に，Dは，善意無過失のCの占有期間を併せて主張し，時効取得できるだろうか。

占有者の承継人は，自己の占有のみを主張するか，自己の占有の前の占有者の占有も併せて主張するか，選ぶことができる（187条1項）。ただし，自己の占有に前主の占有を併せて主張する場合には，前主の占有の瑕疵も承継する（同条2項）。

例えば，【設例6】のBは，前主Aの10年間の占有も併せて主張することができるが，Aの悪意という瑕疵も承継する。したがって，Bは悪意占有者として20年の占有期間が必要であり，Aの占有を併せても15年しか占有していないBは，時効取得することはできない。また反対に，Dは，善意無過失の前占有者Cの占有期間を併せて10年間継続していれば，時効取得が認められる。占有者が占有開始時に善意・無過失であれば，その後悪意となっても10年間の占有で足りるのと同じく，占有主体に変更があり2個以上の占有を併せて主張する場合も，主張する最初の占有者が善意・無過失であれば10年で足りるからである（最判昭53・3・6民集32・2・135）。

(3) 他主占有から自主占有への変換（185条）

他主占有である場合，取得時効の要件を満たさないため，どれほど長期間占有を継続しても時効は成立しない。しかし，①「自己に占有をさせた者に対して所有の意思があることを表示」した場合，または，②「新たな権原により更に所有の意思をもって占有を始める」（＝新権原）場合は，他主占有から自主占有へと占有の性質が変更する（185条）。例えば，賃借人が賃貸人に，以後この建物を自分の家として占有すると宣言し家賃の支払いをやめたり，賃借人が賃貸人から，住んでいる家を売ってもらったりした場合などである。

> **Column　相続と新権原——占有権を相続したら**
>
> 　A所有地をBが賃借していたが，Bが死亡しCがBを相続したとする。Cが，土地はB所有だと信じそのまま利用し続けた場合，時効取得できるだろうか。CはBの「他主占有」を相続するのか，C自身の「自主占有」が認められ時効取得できるのか。相続が新権原（185条）に当たるかが問題となる。
> 　最高裁は，相続による占有承継だけではなく，新たに目的物を事実上支配することにより占有を開始し，所有の意思があるとみられる場合には，新権原（185条）による占有を始めたといえるとする（最判昭46・11・30民集25・8・1437）。よって，CがAへの賃料を支払わず，自ら税金を支払うなどしていた場合は，占有開始と併せて所有の意思があるといえ，時効取得しうるだろう。

3　取得時効の効果

　時効の効力は，その起算日に遡る（144条）。時効は，継続した事実関係を保護する制度である以上，その効果を遡及させ，当初から事実関係に則した権利関係を成立させるのは当然である。

　「起算日」は，取得時効の場合は占有開始時（162条）である。したがって，例えば，Aの土地をBが時効取得した場合，Aは，時効の反射的効力によって土地の所有権を失い，BがA所有地の占有を開始した時からB所有地であったことになる。このため，AはBに，不法占拠を理由として損害賠償請求をすることはできない。

　また，目的物を時効取得した者は，その所有権を**原始取得**する。**原始取得**とは，ある権利を他人の権利に基づかないで取得することであり，売買のように前主の権利を取得する**承継取得**とは異なる。よって，目的物に設定された抵当権のような負担は引き継がず，抵当権者に登記の抹消を請求することができる。

> **Column　公物の取得時効——道路を時効取得できるのか？**
>
> 　公物（河川や道路など，国または地方公共団体などにより，直接，公の目的に共用される有体物）が公共の用に供されなくなり，私人が占有を継続し要件を満たした場

合に時効取得できるのだろうか。この点最高裁は，公物は原則として取得時効の対象とならないが，公共用財産としての形態，機能を完全に喪失し，公共用財産として維持すべき理由がなくなったような場合には，「黙示的に公用が廃止されたものとして，取得時効の対象となる」と解している（最判昭44・5・22民集23・6・993，最判平17・12・16民集59・10・2931）。

4　所有権以外の財産権の取得時効

　所有権以外の財産権も，①自己のためにする意思をもって，②平穏かつ公然と，③10年または20年間，④行使すれば，その財産権を時効取得できる（163条）。所有権の取得時効と異なり権利の行使が要件であるが，地上権や永小作権のように占有を伴う権利については一定期間の占有が，また，その他の権利は準占有（205条）が要件である。ただし，地役権は，継続的に行使され，かつ，外形上認識することができるものに限り時効取得できる（283条）。すなわち，他人の所有地を継続的に通行しただけでは通行地役権を時効取得できず，要役地所有者による通路の開設が必要である（最判昭33・2・14民集12・2・268）。

　また，対象となる権利には，占有を要件とする質権も含まれる。これに対し，抵当権は非占有担保なので対象とはならず，留置権や先取特権のような法定担保物権も対象とならない。親子関係のような身分権も対象外である。

　取得時効の対象となりうるか，特に問題となるのが不動産賃借権である。具体的には，A所有土地をBが賃借し占有を継続したが，実は土地所有者は甲であったという場合に，Bは甲に対して，不動産賃借権の時効取得を主張して，引き続き土地を賃借できるかが問題となる。判例は，「他人の土地の継続的な用法という外形的事実が存在し，かつ，その用益が賃借の意思に基づくものであることが客観的に表現されているとき」には，163条により賃借権を時効取得しうるとした（最判昭62・6・5判時1250・7）。

5 取得時効と登記

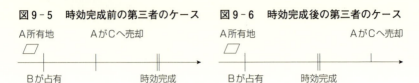

図9-5 時効完成前の第三者のケース　　図9-6 時効完成後の第三者のケース

> 【設例7】 A所有地を善意無過失のBが継続的に占有し時効期間が経過した。
> ①時効期間経過前に，AがCにA所有地を譲渡していた場合に，BはCに登記なくして所有権の時効取得を対抗できるか。
> ②時効期間経過後に，AがCにA所有地を譲渡した場合に，Bは登記なくして所有権の時効取得を対抗できるか。

　所有権その他，不動産物権を時効取得した場合に，そのことを第三者に対抗するためには登記が必要だろうか。いわゆる，時効と登記の論点がある。

　判例は，時効完成の前後で区別して，時効完成前に第三者が現れた場合は177条を適用せず，時効完成後に現れた場合は177条で一律に処理をする。判例によれば，【設例7①】の場合，CはAの地位を承継するのでBAの関係と同じような当事者類似の関係になることを理由に，Bは登記なくしてCに時効取得を対抗できるとする（最判昭41・11・22民集20・9・1901）。これに対し，【設例7②】の場合は，CとBは，Aを中心とした二重譲渡と同じ関係になるので，177条が適用されるとする（大連判大14・7・8民集4・412）。このように判例は時効完成の前後で第三者と時効取得者の関係を区別するため，取得時効の起算点を任意に選択して時効の完成時期をずらすことはできないとする（最判昭35・7・27民集14・10・1871）。

3 消滅時効

1 消滅時効の意義と要件

　時効の完成によって権利が消滅するのを消滅時効という。「債権」及び「債権または所有権以外の財産権」は時効によって消滅する（166条）。
　要件は，一定期間の権利不行使である。債権は，原則として，債権者が権利

表9-1　債権の消滅時効の時効期間

	主観的起算点から	客観的起算点から
原則	5年（166条1項1号）	10年（166条1項2号）
不法行為による損害賠償請求権	3年（724条1号）	20年（724条2号）
人の生命又は身体の侵害による損害賠償請求権	5年（724条の2）	20年（167条）

を行使することができることを知った時から5年（**主観的起算点**，166条1項1号），または権利を行使することができる時から10年（**客観的起算点**，同条1項2号）と定められており，いずれか早い時に消滅時効が完成する。また，債権または所有権以外の財産権（例：通行地役権）は，権利を行使することができる時から20年間行使しなければ時効消滅する（166条2項）。

2　債権の消滅時効

　債権は，**主観的起算点から5年**（166条1項1号），または**客観的起算点から10年**（同条1項2号），いずれか早い時点で消滅時効が完成するのが原則である。これに対し，以下のような例外がある。

　①**不法行為による損害賠償請求権（724条）**　不法行為に基づく損害賠償請求権は，被害者またはその法定代理人が損害及び加害者を知った時から3年（主観的起算点，724条1号），不法行為の時から20年（客観的起算点，同条2号）いずれか早く到来した時点で消滅時効が完成する。もっとも，不法行為に基づく損害賠償請求権が，主観的起算点から3年と，一般の債権の5年よりも短く定められた点について，今後の見直しの必要性が指摘されている。

　②**人の生命または身体の侵害による損害賠償請求（167条，724条の2）**　人の生命または身体に対する侵害は重大な法益の侵害であるため，その損害賠償請求権の消滅時効については，724条の2で主観的起算点から5年間と規定する。他方，一般的な債権は客観的起算点から10年で時効が完成するが（166条1項2号），人の生命または身体の侵害に基づく損害賠償請求権については，例外的に20年と定められている（167条）。

　したがって，人の生命または身体の侵害による損害賠償請求権は，被害者ま

たはその法定代理人が損害及び加害者を知った時から5年（主観的起算点，724条の2），または不法行為の時から20年（客観的起算点，167条），いずれか早く到来した時点で消滅時効が完成する。

③定期金債権（168条）　定期金債権は，債権者が定期金債権から生ずる金銭その他の物の給付を目的とする各債権を行使できることを知った時から10年（主観的起算点，168条1項1号），または各債権を行使できる時から20年（客観的起算点，同条2号）で時効が完成する。

定期金債権とは，賃料や年金のように，定期に一定の金銭その他の代替物を給付させることを目的とする基本債権をいう。基本債権とは，例えばAがBに賃料として月1万円を請求できるという抽象的な権利をいい，具体的に発生した1万円の賃料債権である支分債権と区別される（つまり，具体的に生じた賃料債権は定期金債権に含まれず，166条1項が適用される）。また，ある債権を額に応じて分割しただけである割賦払債権は，定期金債権とは異なる債権であり，166条1項が適用される。

④判決で確定した権利（169条）　確定判決または確定判決と同一の効力を有するもの（例：裁判上の和解）によって確定した権利については，10年より短い時効期間の定めがある場合も，時効期間は10年となる（169条1項）。判決などにより権利関係が確定した以上，10年より短い期間で債権を消滅させる必要性がないからである。もっとも，弁済期が到来していない債権については，本条の適用はない（169条2項）。

3　起算点が問題となる債権

①期限の定めのない債権　期限のない債権は，いつでも権利者が権利を行使できるので，債権の成立時から起算が始まる。もっとも，債務不履行に基づく損害賠償請求権は，本来の債務が変容したものであり，債務の同一性があるため，本来の債務の履行期が起算点となると解される（最判平10・4・24判時1661・66）。

②期限の利益喪失約款付割賦払い債権　いわゆる分割払いの債務の弁済期は，例えば月ごとに順番に到来するが，分割払いの契約には通常期限の利益喪失特約（不払いがあった際には，まだ弁済期の到来していない残債務についても債権者

は請求できるとする特約）が付いている。そこで，例えばＢがＡから，期限の利益喪失特約付きで，10万円の商品を10回払い月１万円ずつ支払う旨の契約を締結したが，３回目の支払をしなかった場合，４回目以降の債権の時効の起算日が問題となる。

判例は，不履行があった時は，約定弁済期の到来ごとに順次消滅時効が進行し，債権者が時に残債務全額の弁済を求める旨の意思表示をしたときに限り，その時から残債務全額の消滅時効が進行するとした（最判昭42・6・23民集21・6・1492）。したがって，上記の例では，４回目以降の各債権の時効は定められた弁済期の到来ごとに進行し，ＡがＢに残債務の支払いを求めた場合に限り，残債務の消滅時効がその時点から進行する。

③自動継続定期預金契約に基づく預金払戻請求権　自動継続定期預金とは，満期日が経過すると新たな満期日が弁済期となるということを繰り返す預金である。最高裁は，自動継続定期預金の払戻請求権の消滅時効は，「預金者による解約の申入れがされたことなどにより，それ以降自動継続の取扱いがされることのなくなった満期日が到来した時から進行する」とする（最判平19・4・14民集61・3・1073）。

4　消滅時効の効果

時効の効力は起算日にさかのぼる（144条）。よって，権利を行使することができることを知った時，または客観的に見て権利を行使できる時（166条１項）から債権はなかったことになり，起算日以降の利息や遅延損害金は支払わなくてよい。

ただし，例外として，消滅時効の期間が経過する以前に，時効が完成した債権が相殺適状になっていた場合は，債権者はこれを自働債権として相殺することができる（508条）。つまり，ＡがＢにα債権を，またＢがＡにβ債権を有しており，β債権の消滅時効が完成したという場合に，β債権の債権者Ｂは時効が完成したβ債権を自働債権としてα債権と相殺できる。相殺適状になった以上，当事者は相殺して決済すると考えるのが通常だからである。

5 債権以外の権利の消滅時効
(1) 時効期間
　債権または所有権以外の財産権は、権利を行使できる時から20年で消滅時効が完成する（166条2項）。なお、継続的でなく行使される地役権（例：通路を開設していない通行地役権）は、最後の行使の時から、継続的に行使される地役権についてはその行使を妨げる事実が生じた時から起算する（291条）。
(2) 消滅時効にかからない権利
　債権以外の権利のうち、①所有権は、消滅時効にかからない（166条2項）。同じく、所有権に基づく物権的請求権も消滅時効にかからない。また、②占有権は、物に対する事実上の支配状態についての権利であり、消滅時効にはかからない。さらに、③担保物権は、被担保債権から独立して消滅時効にかからない。担保物権で担保された債権がまだ時効にかかって消滅していないにもかかわらず、担保だけが時効消滅するのは担保の趣旨に反し不合理だからである（もっとも、抵当権は396条に例外規定がある）。

6 消滅時効類似の制度
(1) 除斥期間
　除斥期間とは、一定の権利について法律が予定する存続期間である。権利関係を速やかに確定することを目的としており、期間経過により権利が消滅するので、消滅時効と似ている。しかし、①援用がなくとも当然に効力が生じる点、②更新が認められない点、③起算点は権利の生じた時点である点が、消滅時効とは異なる。もっとも、最高裁は、不法行為の被害者が除斥期間（改正前724条後段）経過前6か月以内に心神喪失の常況にあるのに法定代理人を有しなかった場合、158条の法意に照らして効果は生じないとする（最判平10・6・12民集52・4・1087）。また、旧優生保護法に基づく強制的な不妊手術を受けた被害者による賠償請求に対し、国側が除斥期間（改正前724条後段）の経過による請求権消滅を抗弁した事案について、除斥期間の主張は、信義則に反し権利の濫用として許されないと判断しており（最判令6・7・3民集78・3・382）、除斥期間が経過してもその効力の発生が制限されることがある。
　なお、消滅時効と除斥期間のいずれであるかは、その権利の性質と規定の趣

旨で判断される（126条後段，193条，566条の期間は，除斥期間である）。

(2) 権利失効の原則

権利者が一定期間その権利を行使せず，権利者は権利行使をしないとの相手の期待が生じるに至ったような場合は，消滅時効や除斥期間に拠らずに，信義則上その権利の行使は許されないとする原則を，**権利失効の原則**という。

判例は，一般論としてはこの原則を認めたが，結論は否定した（最判昭30・11・22民集9・12・1781）。学説上も，消滅時効や除斥期間を定めた趣旨に反するとして，この原則については批判が強い。

木を見る：復習問題

1．2種類ある時効を挙げ，それらの成立要件を述べなさい。
2．取得時効の起算点と時効期間，消滅時効の起算点と時効期間を説明しなさい。
3．時効の完成が猶予される事由と，時効が更新される事由について，条文を確認しながら整理しなさい。

📖 おすすめ文献

①磯村保『事例でおさえる民法　改正債権法』（有斐閣，2021年）。
　具体的な事例を検討しながら論点の解説をしており，なぜ問題となるのかを理解するのに適している。2020年施行の改正民法の論点が中心だが，大きな改正がなされた時効制度について，改正前からの流れを把握することができ，深い理解につながる一冊。
②平野裕之『新・考える民法Ⅰ　民法総則〔第2版〕』（慶應義塾大学出版会，2023年）。
　冒頭の設問を論点ごとに解説しているテキスト。一通り知識を身に着けた後に，その知識を具体的事案に適用し結論を導くトレーニングになる。模範答案例もあるので，独学でも記述式問題の解答方法を学ぶことができる。

附　録

●ローマ法における意思の内容の分析

要素 (essentialia negotii)	合意ないし行為の構成部分のうちで，行為の性質を決定する本質的に重要な内容．絶対に合意しなければならない．
偶素 (accidentalia negotii)	当事者が特に付加するときにだけその内容となるもの．主要な内容以外で当事者が特に合意した内容．合意してもしなくても構わない． 例：手付約束，性質保証約束など
常素 (naturalia negotii)	当事者が排斥しなければ，通常その内容となるもの．特に合意しなくても契約の内容となるもの． 例：売買，交換など有償契約における担保責任
条件（conditio） 約款（clausula）	essentialia negotii の効果の発生を制限するために附加される約款 例：条件（conditio）・前提（modus），期限（dies; tempus）

●意思表示の構造的内容

①本質的効果意思	・法律行為の内容の核となる部分であって，法律行為の各々の種類によって内容が確定する．特定物の給付合意の場合，〔法律行為の性質ないし種類（売買，贈与，交換，賃貸借など），当事者の同一性，目的物の同一性，対価の有無ないし額〕種類物の場合，種類と数量が本質的効果意思の内容に附加される． ・この部分にしか，民法95条の要素の錯誤＝意思欠缺錯誤は生じない． ※サヴィニーは，本質的性質の錯誤（error in substantia）を意思欠缺錯誤に含めて考えている．
②非本質的効果意思 （本質的効果意思がなければ存在し得ない部分） （動機は表示を介して合意されることによって，非本質的効果意思の内容となりうる） （動機も当事者によって合意に達すれば，保護される．すなわち，保証であれば，付随的合意としての保証合意，不確実な事実にかからしめた場合であれば，附款としての条件，当事者が確実に当然存在すると思念した事実にかからしめた場合であれば，同じく附款としての前提として顧慮される．）	ⅰ）契約条項（例・履行期，履行場所，履行方法） ・原則として，①に付加されるものである． ・①を補充する意思内容であって，①に付従する． ・当事者の合意がなくても，民法の規定によって補充される． 履行期（412条3項），履行場所（484条），履行方法（特定物：483条，種類物：401条，損害賠償義務：417条） ⅱ）付随的合意（例・手付，品質保証，損害担保約定，違約金，裁判管轄など） ⅲ）附款 例・条件（conditio 将来発生することが不確実な事実に①の効力をかからしめること　将来における一定の事実に係わらせることが多い） 　　前提（modus 当事者が一定事実の存在不存在を当然確実であると思念していた場合に，その事実に①の効力をかからしめること　過去・現在における一定の事実に係わらせることが多い） 　cf. ヴィントシャイトの前提理論 　　　意思の自己制限としての動機が相手方に認識可能になった場合に単なる動機が前提に転化する． 　　　前提が事実と一致しなければ，契約の解消を認める． 　　　既履行の場合→不当利得による返還請求，未履行の場合→履行拒絶の抗弁 　　　レーネル　ヴィントシャイトの前提理論を否定，「動機と条件の中間物はない．」 　　三宅初期，高森 　　　合意による前提．前提が欠ければ，前提欠如ないし基礎の崩壊による契約の無効． 　　三宅後期 　　　合意による前提のほか解除権留保の一歩手前にある推定的前提を肯定 　　　→瑕疵担保責任 　　期限（将来確実に到来する事実に①の効力をかからしめること） 　　負担（負担付贈与，負担付遺贈） 　　・①の効力の発生・不発生に影響を与える独立の合意 　　・①に付従する．

判例索引

大審院

大判大3・3・16民録20・210	99
大判大3・7・9刑録20・1475	100
大判大3・12・15民録20・1101：抵当家屋価格錯誤事件	108, 109
大判大4・3・24民録21・439	187
大判大4・10・2民録21・1560	150
大判大4・12・27民録21・2124	98
大判大6・2・24民録223・284：受胎馬錯誤事件	109
大判大6・9・6民録23・1319	114
大判大6・9・20民録23・1360	120
大判大6・11・8民録23・1758	111
大判大6・11・15民録23・1780	86
大判大7・10・3民録24・1852	110
大判大7・10・30民録24・2087	159
大判大7・12・3民録24・2284	111
大判大8・3・3民録25・356：信玄公旗掛松事件	16
大判大8・3・15民録25・473	73
大判大9・7・16民録26・1108	202
大判大9・7・23民録26・1171	99
大判大10・6・2民録27・1038：「塩釜レール入」事件	82
大判大10・7・25民録27・1408	67
大判大11・2・6民集1・13	114
大連判大13・10・7民集3・476：栗尾山林事件	68
大連判大13・10・7民集3・509：孫左衛門塚事件	71
大連判大14・7・8民集4・412	206
大判大14・11・9民集4・545	121
大判大14・12・3民集4・685：深川渡事件	14
大判大15・10・11民集5・703	172
大判明35・1・2民録8・77	71
大判明35・3・26民録8・73：新規借入錯誤事件	106
大判明36・5・21刑録9・874	67
大判昭4・1・23新聞2945・14	120
大判昭4・10・9新聞3081・15	71
大判昭6・10・24新聞3334・4	100
大判昭6・12・17新聞3364・17	57
大判昭7・3・25民集11・464	86

大判昭7・4・19民集11・837 ･････････････････････････････････ 95
大決昭7・7・26民集11・1658 ････････････････････････････････ 37
大判昭7・10・6民集11・2023：阪神電鉄事件 ･･････････････････ 22
大判昭7・10・26民集11・1920：生活費支弁事件 ･･･････････････ 170
大判昭10・10・1民集14・1671 ･･････････････････････････････ 72
大判昭10・10・5民集14・1965：宇奈月温泉事件 ･･････････････ 17
大判昭11・2・14民集15・158：内縁妻内容証明郵便受領拒絶事件 ･･･ 124
大判昭11・11・21民集15・2072 ･････････････････････････････ 119
大決昭12・6・30民集16・1037 ･･････････････････････････････ 194
大判昭12・8・10新聞4181・9 ･･･････････････････････････････ 99
大判昭12・12・21判決全集5・3・4 ･･････････････････････････ 119
大判昭13・2・7民集17・59 ････････････････････････････････ 40
大判昭13・3・30民集17・578 ･･･････････････････････････････ 88
大判昭13・6・11民集17・1249 ･･････････････････････････････ 15
大判昭13・10・26民集17・2057：高知鉄道敷設事件 ･････････････ 17
大判昭15・2・27民集19・441 ･･･････････････････････････････ 61
大判昭16・11・18法学11・617 ･･･････････････････････････････ 115
大判昭17・2・25民集21・4・164 ･･･････････････････････････ 156
大判昭17・9・30民集21・911 ･･･････････････････････････････ 118
大判昭19・3・14民集23・147 ･･･････････････････････････････ 88
大判昭19・6・28民集23・387 ･･･････････････････････････････ 81

最高裁判所

最判昭23・12・23民集2・14・493 ･･････････････････････････ 95
最判昭27・1・29民集6・1・49：陸軍司政官夫人事件 ････････････ 162
最判昭27・2・15民集6・2・77 ･･････････････････････････････ 57
最判昭28・9・25民集7・9・979 ･････････････････････････････ 14
最判昭28・10・1民集7・10・1019 ･･･････････････････････････ 98
最判昭29・8・20民集8・8・1505：虚偽表示者登記面上不存在事件 ･･･ 102
最判昭30・10・7民集9・11・1616：前借金無効判決 ･･････････ 87, 89, 169
最判昭30・11・22民集9・12・1781 ･･････････････････････････ 211
最判昭30・12・20民集9・14・2027 ･･････････････････････････ 14
最判昭33・2・14民集12・2・268 ･････････････････････････････ 205
最判昭33・3・28民集12・4・648 ･････････････････････････････ 57
最判昭33・6・14民集12・9・1492：特選金菊印苺ジャム事件 ･････ 110
最判昭33・7・1民集12・11・1601：労働組合員不動産譲渡強迫暴行事件 ･･･ 120
最判昭33・9・18民集12・13・2027 ･･････････････････････････ 58
最判昭35・2・19民集14・2・250 ････････････････････････････ 161
最判昭34・2・20民集13・2・209 ･････････････････････････････ 197
最判昭35・3・18民集14・4・483 ･････････････････････････････ 85

判例索引

最判昭35・5・19民集14・7・1145 …………………………………………… 183
最判昭35・7・27民集14・10・1871 …………………………………………… 206
最判昭35・10・18民集14・12・2764 …………………………………………… 162
最判昭35・10・21民集14・12・2661：東京地方裁判所厚生部事件 ………… 160
最判昭35・12・15民集14・14・3060 …………………………………………… 15
最判昭36・4・20民集15・4・774：社長令嬢催告書受領事件 ……………… 124
最判昭37・3・29民集16・3・643 ……………………………………………… 71
最判昭37・4・20民集16・4・955 ……………………………………… 153, 156
最判昭37・11・27判時321・17：山林売買錯誤事件 …………………………… 109
最判昭39・1・23民集18・1・37 ………………………………………………… 85
最判昭39・1・23民集18・1・99 ………………………………………………… 181
最判昭39・1・28民集18・1・136 ………………………………………………… 55
最判昭39・4・2民集18・4・497 ………………………………………………… 161
最判昭39・5・23民集18・4・621 ………………………………………………… 159
最判昭39・6・30民集18・5・991 ………………………………………………… 14
最判昭39・10・15民集18・8・1671 ……………………………………………… 64
最判昭40・3・9民集19・2・233：板付基地事件 ……………………………… 17
最判昭40・6・18民集19・4・986 ………………………………………… 151, 156
最判昭41・4・20民集20・4・702 ………………………………………… 15, 195
最判昭41・4・26民集20・4・849 ………………………………………………… 58
最判昭41・11・22民集20・9・1901 ……………………………………………… 206
最判昭42・4・18民集21・3・671 ………………………………………………… 137
最判昭42・6・23民集21・6・1492 ……………………………………………… 209
最判昭42・7・21民集21・6・1643 ……………………………………………… 202
最判昭42・11・10民集21・9・2417 ……………………………………………… 159
最判昭43・3・8民集22・3・540 ………………………………………………… 136
最判昭43・9・26民集22・9・2002 ……………………………………………… 194
最判昭43・10・17民集22・10・2188 …………………………………………… 103
最判昭44・2・13民集23・2・291 ………………………………………………… 32
最判昭44・2・27民集23・2・511 ………………………………………………… 63
最判昭44・5・2民集23・6・993 ………………………………………………… 205
最判昭44・5・27民集23・6・998 ………………………………………………… 99
最判昭44・7・4民集23・8・1347 ………………………………………………… 15
最判昭44・7・15民集23・8・1520 ……………………………………………… 193
最判昭44・9・18民集23・9・1675 ……………………………………………… 111
最判昭44・10・7判時575・35 …………………………………………………… 88
最判昭44・12・18民集23・12・2467 …………………………………………… 202
最判昭44・12・18民集23・12・2476 …………………………………………… 163
最判昭45・3・26民集24・3・151：藤島武二・古賀春江贋作事件 …………… 111
最判昭45・5・21民集24・5・393 ………………………………………………… 195

最大判昭45・6・24民集24・6・625：八幡製鉄政治献金事件 ……………………………… 57
最判昭45・7・24民集24・7・1116：他人名義不実登記事件 ……………………… 98, 99, 102
最判昭45・7・24民集24・7・1177 ……………………………………………………… 197
最判昭45・9・22民集24・10・1424：不実登記承認事件 ………………………………… 102
最判昭45・12・15民集24・13・2081 …………………………………………………… 162
最判昭46・6・3民集25・4・455 ……………………………………………………… 161
最判昭46・11・11判時654・52 ………………………………………………………… 202
最判昭46・11・30民集25・8・1437 ……………………………………………………… 205
最判昭47・9・8民集26・7・1348 ……………………………………………………… 201
最判昭47・12・19民集26・10・1969 …………………………………………………… 169
最判昭48・6・28民集27・6・724：固定資産税台帳不実名義事件 ……………… 98, 102
最判昭48・7・3民集27・7・751 ………………………………………………… 154, 156
最判昭48・10・26民集27・9・1240 ……………………………………………………… 63
最判昭49・9・26民集28・6・1213 ……………………………………………………… 117
最判昭50・2・25民集29・2・143：自衛隊八戸駐屯地事件 ……………………………… 14
最判昭50・4・8民集29・4・401 ……………………………………………………… 172
最判昭50・7・14民集29・6・1012 ………………………………………………… 61, 62
最判昭53・2・24民集32・1・110 ……………………………………………………… 172
最判昭53・3・6民集32・2・135 ……………………………………………………… 203
最判昭54・9・6民集33・5・630 ……………………………………………………… 106
最判昭56・3・24民集35・2・300 ……………………………………………………… 88
最判昭60・11・29民集39・7・1760 ……………………………………………………… 60
最判昭61・3・17民集40・2・420 ……………………………………………………… 193
最判昭61・11・20判タ627・75 ………………………………………………………… 87
最判昭61・11・20民集40・7・1167 ……………………………………………………… 87
最判昭62・6・5判時1250・7 ………………………………………………………… 205
最判昭62・7・7民集41・5・1133 ……………………………………………………… 149
最判昭63・3・1法時1312・92 …………………………………………………… 155, 156
最判平元・9・14判時1336・93：離婚財産分与課税錯誤事件 ………………… 108, 110
最判平元・10・13民集43・9・985 ……………………………………………………… 197
最判平元・12・14民集43・12・2051 ……………………………………………………… 88
最判平5・1・21民集47・1・265 ………………………………………………… 152, 156
最判平6・5・31民集48・4・1029 ……………………………………………………… 181
最判平8・3・19民集50・3・615：南九州税理士会政治献金事件 ……………………… 58
最判平9・7・1民集51・6・2452 ……………………………………………………… 14
最判平9・9・4民集51・8・3619 ……………………………………………………… 88
最判平10・4・24判時1661・66 ………………………………………………………… 208
最判平10・6・12民集52・4・1087 ……………………………………………………… 210
最判平10・6・22民集52・4・1195 ……………………………………………………… 194
最判平10・7・17民集52・5・1296 ……………………………………………………… 152

最判平11・10・21民集53・7・1190 ………………………………………………… 194
最判平13・7・10判時1766・42 …………………………………………………… 193
最判平14・4・25判時1785・31 …………………………………………………… 59
最決平15・2・27判例集未登載 ……………………………………………………… 58
最判平15・4・18民集57・4・366 ………………………………………………… 89
最判平17・12・16民集59・10・2931 …………………………………………… 205
最判平18・2・23民集60・2・46 ………………………………………………… 104
最判平19・4・14民集61・3・1073 ……………………………………………… 209
最判平25・6・6民集67・5・1208 ………………………………………………… 197
最判平25・9・13民集67・6・1356 ……………………………………………… 200
最判平28・1・12民集70・1・1：反社会的勢力信用保証錯誤事件 ………… 109, 110
最判平28・12・19判時2327・21：中小企業者信用保証錯誤事件 ………… 109, 110
最判令6・7・3民集78・3・382 …………………………………………………… 210

高等裁判所

福岡高判昭29・5・18下民集5・5・720 ………………………………………… 121
東京高判昭36・3・10判タ118・48 ………………………………………………… 88
東京高判昭53・7・19判時904・70 ………………………………………………… 96
大阪高判昭55・11・19判タ444・127 ……………………………………………… 87
大阪高判平14・4・11判タ1120・115：住友生命政治献金事件 ………………… 58

地方裁判所

安濃津地判大15・8・10新聞2648・11：富田浜病院事件 ……………………… 16
東京地判昭34・8・11判タ97・62 ………………………………………………… 86
大阪地判昭56・7・28判時1029・122 ……………………………………………… 97
東京地判平7・1・26判時1547・80 ………………………………………………… 97
東京地判平14・3・8判時1800・64：モロー作ガニメデスの略奪事件 ………… 111
京都地判平25・5・23判時2199・52 ……………………………………………… 33

事項索引

【あ行】

意思能力　22
意思の通知　78
意思の不存在（欠缺）　93
　　──による錯誤　106
意思表示　91
営利法人　47

【か行】

解除条件　179
確定期限　184
瑕疵ある意思表示　93
過失責任の原則　10, 11
果実　74
観念の通知　78
期間　187
期限　183
　　──の利益　184
基礎事情の錯誤　107, 108
強行規定（強行法規）　83
強迫　119
虚偽表示　97
契約自由の原則　11, 77
原始的不能　82
現受利益の返還　170
顕名　138
権利能力　19
　　──なき社団　64
　　──平等の原則　20
権利濫用の禁止　15
行為能力　23
公益法人　47
効果意思　92
公共の福祉遵守の原則　13
後見　25, 27
公序良俗　86
合同行為　79

公法　2
効力規定　85

【さ行】

催告権　147
財団法人（一般財団法人）　47, 52, 54
詐欺　113
錯誤　105
時効　190
　　──援用権の喪失　195
　　──の援用　192
　　──の完成猶予　196
　　──の更新　196
　　──利益の放棄　192, 195
自己契約・双方代理の禁止　135
自主占有　201
失踪宣告　36
私的自治の原則　10, 11, 77, 93
私法　2
社団法人（一般社団法人）　46, 53
私有財産尊重の原則　10
従物　73
取得時効　191
主物　73
準法律行為　78
条件　179
消滅時効　191
事理弁識能力　25
信義誠実の原則（信義則）　13
新権原　203
心裡留保　95
制限行為能力者　24
　　──の詐術　32
遡及効　174

【た行】

代理　128

218

代理権　133
　　——の消滅　138
代理行為　138
　　——の瑕疵　140
代理人　142
他主占有　201
脱法行為　86
単独行為　78
定　款　49, 50
停止条件　179
動　機　92, 94
　　——の錯誤　107
動　産　70, 72
特別失踪　36, 37
取締規定（取締法規）　84
取消し　172
取消権　147
取消権者　173
取り消すことができる行為の追認　174

【な　行】

任意規定（任意法規）　83

【は　行】

パンデクテン体系　4, 5
非営利法人　47
表見代理　157
　　権限外の行為の——　160
　　代理権授与の表示による——　157
　　代理権消滅後の——　163

表示意思　92
表示行為　92
不確定期限　184
復代理人　143
普通失踪　36, 37
不動産　70
法　人　44
　　——の能力　55
法人格　44, 55
　　——否認の法理　63
法定追認　175
法の下の平等の原則　10
法律行為　76
保　佐　25, 27
補　助　25, 29

【ま　行】

未成年者　25, 26
無権代理　144
　　——の追認　145
　　——と相続　150
無権代理人の責任　148
無効　168
　　——行為の追認　171
　　——行為の転換　172
物　67

【ら　行】

利益相反行為の禁止　136

219

著者紹介

(執筆順，＊は編者。①所属，②業績)

＊野口大作（のぐち　だいさく）　　　　　　　　　　　　　　序章・第5章
　①名城大学法学部教授
　②「税負担に関する錯誤」名城法学第72巻1・2合併号（2022年）
　　「マンション管理組合の目的の範囲に関する一考察——法人論からの検討を中心に」マンション学第69号（2021年）

濵田絵美（はまだ　えみ）　　　　　　　　　　　　　　　　　第1章・第2章
　①熊本大学大学院人文社会科学研究部准教授
　②『熊本地震と法・政策』（共著，成文堂，2022年）
　　『法律行為論の諸相と展開』（共著，法律文化社，2013年）

水野浩児（みずの　こうじ）　　　　　　　　　　　　　　　　第3章・第8章
　①追手門学院大学経営学部教授
　②『債権の良質化における新展開』（経済法令研究会，2024年）
　　「企業価値担保権の利活用とそのねらい」銀行法務21第68巻7号（2024年）

岡田愛（おかだ　あい）　　　　　　　　　　　　　　　　　　第4章・第9章
　①京都女子大学法学部教授
　②『物権・担保物権法〔第2版〕』（共著，嵯峨野書院，2023年）
　　『同一性の錯誤』（一学舎，2015年）

池内博一（いけうち　ひろかず）　　　　　　　　　　　　　　第6章・第7章
　①追手門学院大学法学部准教授
　②『民法を知る1【総則・物権】』（共著，八千代出版，2015年）
　　『物権法講義〈第2分冊〉——所有権・占有権・用益物権法』（共著，関西大学出版部，2007年）

Horitsu Bunka Sha

ハイフォレスト民法総則

2025年5月5日　初版第1刷発行

編　者　　野口大作

発行者　　畑　　光

発行所　　株式会社 法律文化社
〒603-8053 京都市北区上賀茂岩ヶ垣内町71
電話 075(791)7131　FAX 075(721)8400
customer.h@hou-bun.co.jp
https://www.hou-bun.com/

印刷：共同印刷工業㈱／製本：㈱吉田三誠堂製本所
装幀：白沢　正

ISBN 978-4-589-04415-0

Ⓒ2025 Daisaku Noguchi Printed in Japan

乱丁など不良本がありましたら、ご連絡下さい。送料小社負担にてお取り替えいたします。
本書についてのご意見・ご感想は、小社ウェブサイト、トップページの「読者カード」にてお聞かせ下さい。

JCOPY　〈出版者著作権管理機構 委託出版物〉
本書の無断複写は著作権法上での例外を除き禁じられています。複写される場合は、そのつど事前に、出版者著作権管理機構（電話 03-5244-5088、FAX 03-5244-5089、e-mail: info@jcopy.or.jp）の許諾を得て下さい。

α 新プリメール民法 全5巻

はじめて民法を学ぶ人のために，読みやすさ・わかりやすさを追求した好評シリーズ。

中田邦博・後藤元伸・鹿野菜穂子 著
新プリメール民法 1 民法入門・総則〔第3版〕　Ａ5判・360頁・3080円

今村与一・張 洋介・鄭 芙蓉・中谷 崇・髙橋智也 著
新プリメール民法 2 物権・担保物権法〔第2版〕　Ａ5判・310頁・2970円

松岡久和・山田 希・田中 洋・福田健太郎・多治川卓朗 著
新プリメール民法 3 債権総論〔第2版〕　Ａ5判・288頁・2970円

青野博之・谷本圭子・久保宏之・下村正明 著
新プリメール民法 4 債権各論〔第2版〕　Ａ5判・260頁・2860円

床谷文雄・神谷 遊・稲垣朋子・且井佑佳・幡野弘樹 著
新プリメール民法 5 家族法〔第3版〕　Ａ5判・266頁・2750円

潮見佳男・中田邦博・松岡久和編
〔18歳から〕シリーズ
18歳からはじめる民法〔第5版〕
Ｂ5判・114頁・2420円

18歳の大学生（とその家族，友人たち）が日常生活において経験しうるトラブルを題材に，該当する法律関係・制度をわかりやすく解説。第4版刊行（2021年2月）以降の法改正をフォローして改訂。

渡邊 力編
民法入門ノート〔第2版〕
Ｂ5判・180頁・3520円

騙されて結んだ契約はどうなる？　交通事故に巻き込まれてしまったら？　75個の身近な問題から民法の役割を学ぶ。穴埋め問題と練習問題で理解度確認もできる。第2版では事項索引を追加し，令和3年民法・不動産登記法改正，令和4年親子法制改正等に対応した。

法律文化社

表示価格は消費税10％を含んだ価格です